濱元伸彦

「生きる力」を語るときに教師たちの語ること

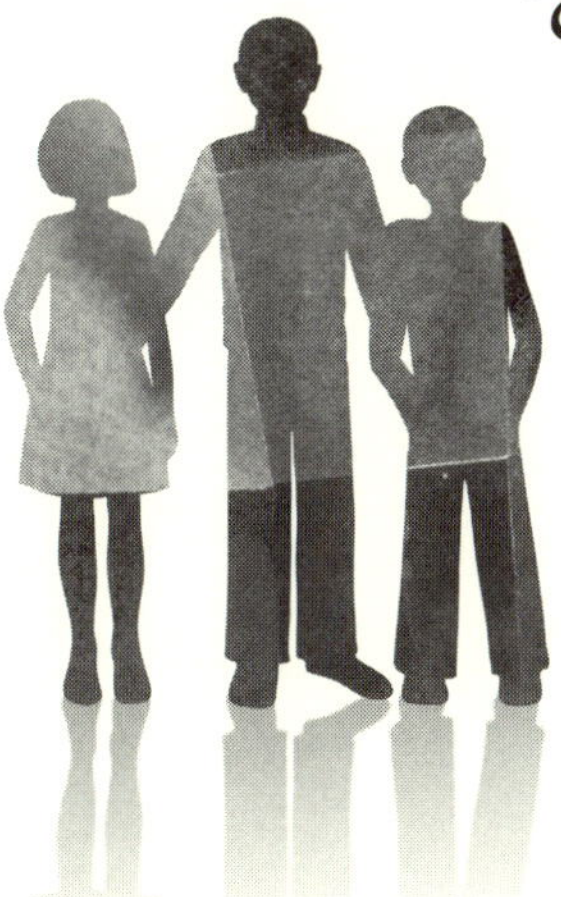

行路社

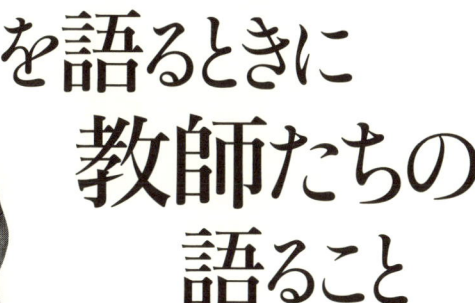

まえがき

文部科学省は一九九〇年代末から現在にいたるまで、「生きる力」の育成を、日本の児童・生徒の教育全体の理念として掲げている。ゆとり改革路線の中で生まれたこの「生きる力」という概念だが、途中、多少定義が変えられつつ現在まで生き残っている。「生きる力」は日本の教育政策のまさに根幹となる概念なのだが、残念ながら、その定義は世間一般にはほとんど知られていない。学校の教員においてさえ、その定義がどの程度知られているかは疑問である。

しかし、それを知らないからといって、責められるわけではない。筆者自身もこの問題を研究主題にしようと決めたからこそ、真剣にこの概念について知ろうとしたが、そうでなければ知る機会がなかったに違いない。他方で、実際に文科省のホームページにアクセスして、この概念の定義を知ったからといって、何か日本の教育のことや教育政策の方向性について理解が深まるというわけでもない。そこに書かれているのは、およそ国民として教育上必要と思われることが「知」、「徳」、「体」の三分野に分けて羅列されているにすぎない。

登場してから二十年近く経つ今日、学校現場で「生きる力」という言葉が語られる機会があるのかどうかやや疑問ではある。しかし、未だにこの言葉が頻繁に使用される領域は存在する。政策の協議や策定の領域である。国会での教育政策の議論や、国や都道府県の教育政策の文書では、今なおさかんに「生きる力を育てる（育む）ために」といったフレーズが用いられている。この言葉を用いれば、その主張に対して国の教育目標という権威が付与される。また、後述するように、「生きる力」という言葉には、「それを使えば誰もが納得した雰囲気が作り出される」（池田二〇〇五：一〇一）という便利さがある。具体性に乏しく、象徴的なものを中心に据えるというのは、いかにも日本的な政策の方法なのかもしれない。

ともかく、本書の議論の前提としておきたいことは、「生きる力」が「政策の言語」として生み出された言葉だということである。「政策の言語」として生み出された「生きる力」は、同時にその発生から現在に至るまで、時の教育政策をめぐる政治状況の影響を受けその定義を変化させてきた。

「政策の言語」としての「生きる力」が持つ政治性を批判的に検討するのも興味深い課題であり、本書でも少しはその点についてふれるが、本書の主眼は別のところにある。本書が注目するのは、教育政策が下ろされてくる、いわばその末端にいる学校現場の人々が、「生きる力」という概念をどのように理解し、どのようにそれについて語るのかである。

このような問いを漠然と筆者が持ったのは、筆者が米国の大学院で教育政策の計画および実施について学んでいた時であった。日本では、政策担当者は、自分が生み出した政策やそこに含まれる概念を現場にいる人々が「どのように捉えるか」について、あまり関心を払っていない。また、政策研究の方もこの点についての関心が非常に薄い。一方で、米国では政策の実施課程、とりわけローカル（現場）にいる人々が政策を理解する仕方に、大きな注目を払ってきた。なぜなら、かれらの理解の仕方が、かれらの政策実施の行動に大きく影響するからである。そのような米国の政策研究のスタンスに影響されて、筆者は「生きる力」の学校現場における理解という問題設定を行った。

しかし、まだその時点では、筆者は、学校現場にいる教師たちを「政策の受け手」として捉えているに過ぎなかったといえる。実際に筆者が調査をして知ったのは、学校現場にいる教師たちの実に能動的な「生きる力」概念に対する意味づけの仕方、そして語り口の多彩さである。筆者が行ったインタビュー調査において、教師たちは、いわばかれら自身の教育経験に基づき、自由に感性豊かにこの言葉について語った。その語りを通してかれらが表す豊かで深い「現場の知」との出会いは、大げさかもしれないが、レヴィ＝ストロースにおける「野生の思考」の発見ほどに大きな驚きを筆者に与えた。そして、そうした教師たちの「生きる力」に関する語りとの出会いの中で、筆者は、実体を伴わない政策の言語としての「生きる力」とは対照的な、「生きる力」概念の別の側面を垣間見たのである。

ともかく、本書の問題関心は、政策の言語としての「生きる力」との対比の上で、現場にいる教師たち自身がこの概念をどのように理解し、どのように語るのかを、中学校教師たちとの対話の中で検討することにある。

本書は、筆者が米国の大学院に在籍中に行った調査に基づくものであるが、現代の中学校教師の「生きる力」についての語りの研究書としては、いささかの弱みと偏りがある。まず、本書の調査が行われてから、その結果を一冊の本としてまとめることを思いつくまでに非常に長いブランクがあった。インタビューが行われた二〇〇六年は、教師たちは「ゆとり教育」カリキュラムの真っただ中にあったが、本書が刊行される二〇一四年は「脱ゆとり」カリキュラムが定着しつつある。世間や学校の教師たちのカリキュラムや学力に対する見方もこの間、大きく変化してきた。本書の教師たちの語りの中には、「ゆとり教育」に対する支持や批判の声も出てくるのだが、それらも一昔前の話題である。現代の社会分析というよりは、史的価値の方が出てくるようなかんじがしないでもない。

もう一つ、本書のインタビュー対象者は、筆者が当時できた調査の都合上、全員大阪府の中学校教師である。見ての通り、本書の語りのいたるところに関西弁が散りばめられているのだが、それ以上に懸念されるのは、大阪の教師は、どれぐらい日本の教師のサンプルとして研究上の意義があるかということである。八人の語りの中に、考え方の上で「大阪的」な要素が潜在的に含まれている可能性についてあらかじめ指摘しておきたい。

研究する者の立場としては、「生きる力」という概念が教師たちの言説の中でどのような意味づけを持って表れているかを調べることに視点を置くことができるだろう。また、彼／彼女らの「生きる力」の語りがなぜ相互に違ったものになるのかも興味深いポイントである。

だが、そうした研究者的な視点を傍らに抱きつつも、かれらの「生きる力」の語りは、それら自体が、長い年月を経て結晶化した、個々の教師の豊かな教育哲学の語りでもある。教師という存在は、それぞれに千差万別の「生きる力」の教育哲学を論じられるユニークな存在である。その事を多くの人々に知ってもらいたいというのも、六年近く眠っていたインタビューデータからこの一冊の本をまとめた筆者の動機の一つである。

目次

第一章

問題の所在と研究方法

zest for living

筆者が「生きる力」という言葉に改めて関心を持ったエピソードについてふれておきたい。

本書に収められている教師たちのインタビューが行われた二〇〇六年当時、筆者はラトガーズ大学（米国・ニュージャージー州）の大学院生であった。学生なので大学院の授業も受講していた。その前の年に、「カリキュラムと指導」という授業を取ったが、その担当は、ダニエル・ターナーという有名な教授だった。デューイ研究の大家だという高齢の教授で、いわば進歩主義教育の生きた化石のような人物であった。ある日の講義で、筆者が一九九〇年代末の日本の教育改革の内容と進歩主義教育との共通点をまとめたレポートを提出した時のことである。教授は、授業の最初に何人かのレポートについて講評を述べる中で、筆者のレポートについても言及した。「ノブ（筆者のニックネーム）のレポートで、一つ非常に素晴らしい言葉を発見した気がするんだが。なんだっけ……ええと（一分間ぐらいレポートを見直して）……おう、これこれ、zest for living だ！」

zest for living とは、実は、「生きる力」の訳語である。「力」という言葉なら power という語を訳語にあてそうなものだが、どういうわけか、文科省の英語版ウェブサイトにも、この耳慣れない zest（ゼスト「熱意・強い興味」を意味する）という語が用いられている。この言葉を聞いた別の女性教授は、「へえ、子どもにそれを求めるということは、日本の子どもはそんなに生きていく意欲が弱いの？」、「それってむしろ、高齢者の福祉に用いた方がいい言葉じゃない？」とジョークまじりに言ったものだ。

それはともかく、ターナー教授は、zest for living という言葉に強い興味を示していた。私がレポートにまとめた「ゆとり教育改革」の方向性――詰め込み主義や画一的な教育への見直しから児童生徒の興味・関心、意欲を重視し、「自ら学び、自ら考える力」を養うための教育改革へ――を高く評価した。さらに、教授はそれらが目指す教育目標を「生きる力」と表したことに強く感銘を受け、「日本がそうした教育改革に踏み切ったことは賞賛に値する」とコメントした。

二〇〇六年といえば、中教審答申が出されてから既に十年ほど経っており、「生きる力」という言葉は当時では十分聞き古された言葉となっていたが、ターナー教授には、光彩を放つものに思われたらしい。教授は、「生きる力」を旗印に掲げる当時の日本の教育改革を、二十世紀初頭の米国の進歩主義教育運動の再来のように感じていた。確かに、「ゆとり教育改革」と進歩主義教育運動は、どちらもそれまでの学校における画一的な詰め込み教育に対する反省から出発した点において共通するものがある。

ターナー教授がこの言葉に強い関心を示してくれたことに驚きつつも、筆者は内心、「そんなに素晴らしく思われても困る」という気持ちがあった。筆者が知っている日本の学校現場において、教師たちが皆「生きる力の育成に努めよう」と共通の意識を持って取り組んでいるかといえばそうでもなく、また、既に「ゆとり教育」の見直しの議論も日本国内で活発になっていた。ターナー教授が評価するほどに実のある言葉ではないという印象を持っていた。しかし、この授業でのターナー教授の反応が、筆者自身が「生きる力」という概念について改めて考えたいと思うきっかけを作った。そして後述するように、筆者のプレディサテーション研究[★1]では、「生きる力」についての教師たちの捉え方をテーマとして選んだ。

★1　プレディサテーション研究（pre-dissertation research）とは欧米の大学院の博士課程において、博士論文（dissertation）を計画・執筆する前に行う研究を指す。博士論文を書く資格のある博士候補生(doctoral candidate)になるために完了させる課題の一つである。

政策の言語としての「生きる力」

さて、その「生きる力」という言葉が初めて世に出たのは、一九九六年に中央教育審議会が出した答申「二一世紀を展望した我が国の教育の在り方について」の中である。この言葉は、その発生から考えても、政策担当者（policy maker）が作った「政策の言語」の一つであった。学校現場や民間から広がってきた言葉ではなく、政策担当者が指導要領の改訂に代表される教育改革のねらいや内容をうまく伝えるために作った言葉である。そのように「政策の言語」として生み出された「生きる力」は、同時に、その発生前から現在に至るまで、時の教育政策をめぐる政治状況の影響を受けその定義を変化させてきた。

「生きる力」という言葉は一九九六年ににわかに登場したが、その考え方には前身があった。一九八〇年代後半に、臨教審や教育課程審議会において登場するようになった「新学力観」がそれである。要約すると、旧来の学力観が知識や技能の習得に偏りすぎていたことを反省し、それにかわって、自分の力で学ぶ方法や変化への対応力の育成などを重視した学力観である。この新学力観では、児童・生徒の思考力や問題解決能力に重きを置き、生徒の個性を重視するとした。また、学習内容については体験的な学習や問題解決学習などの占める割合を従来よりも増やし、評価についても関心・意欲・態度を重視する方向を打ち出した。また、それに伴って教師の役割も、旧来の指導から支援・援助の姿勢への転換を打ち出している。

右のような「新学力観」に関する説明を読むと、「生きる力」の考え方とほとんど違わないことが理解される。この「新学力観」がいつまでも「新」であり続けるわけはないという用語の問題もあると同時に、ゆとり教育改革の仕上げとでもいうべき一九九〇年代末の指導要領改訂において、国民や学校現場にその改革の方向性を強く意識づけるために、「新学力観」に新たにつけられた名前が「生きる力」であったと言えよう。

ただ、「生きる力」にせよその前身である「新学力観」にせよ、その底流となる政策の考え方は、一九七〇年代中頃の政策の議論から続くものである。すなわち、「ゆとりの時間」の創設や学習指導要領の基準緩和に代表されるような、ゆとり教育改革の源流に由来しているのである。

二〇〇〇年前後から、特に学力低下を招いたとして、ゆとり教育改革をことさら悪者扱いし、断罪する論調が多く見られるようになった。また、そのような改革を方向づけた文科省は愚かだというような批判も見られる。文科省を弁護するわけではないが、この改革路線には、かつての世論がそれを後押しし、方向づけた側面が大いにある。高度経済成長期が終わりを告げた一九七〇年代には、学校教育は「落ちこぼれ」の増加や校内暴力、いじめなど様々な問題が吹き荒れていた。現代の比ではないほどの、学校に対する不信感や教育界の閉塞感が募っており、メディアも厳しく学校教育を批判した。特に、詰め込み主義や画一主義、受験における過度の競争が批判の的となっていた。そうした問題を改善し教育を「なんとかしてほしい」という大きく膨れ上がった民意があった。そこに経済界や政界からの主体的、創造的な人材の育成という課題や、国際化し、変化がより激しくなる未来の社会への対応というニーズもミックスされて、諸状況を文科省が政策として調整する過程で生まれてきたのが、「新学力観」や「生きる力」といった新しい政策の言語であった。文科省は、教育行政を仕切る主体であるが、実際には、政・財・民の調整者に過ぎず、ゆとり教育路線の罪をすべて文科省に負わせるのは誤りである。

「歴史にイフはない」というものの、敢えて私見を述べさせてもらうと、筆者自身は戦後の教育政策がいったん「ゆとり」という方向にハンドルを切ったことは、その後の修正が多少必要であったとしても、間違いではなかったと考えている。でなければ、日本の教育は隣の韓国にあるような超競争主義を残し、今、日本が有しているような教育システムの「ゆるやかさ」はなく、学校教育の持つ病理はより暗澹たるものになっていたのではなかろうか。

ともかく、話を戻して、「生きる力」という概念が、我が国の教育改革のタームとして最初に登場した際の、その内容について見直したい。前述のように、「生きる力」の初出は、一九九六年の中央教育審議会答申「二一世紀を展望した我が国の教育の在り方について」である。この答申の副題は「子どもに『生きる力』と『ゆとり』を」であり、既にここに「生きる力」という言葉が明示されている。つまり、「生きる力」と「ゆとり」というのは、一九九〇年代末版指導要領の二枚看板であった（のちに、前者は看板のまま残り、後者は下ろされたが）。同答申では、二〇〇二年度から完全実施された指導要領の改訂の方向が示され、教育内容および時数が削減される一方、「生きる力」を育成するための横断的・総合的な学習活動として「総合的な学習の時間」が導入されることが提案されている。この答申の冒頭では、「知識を教え込むことになりがちであった教育から、自ら学び、自ら考える教育へ」と指導方法を転換し、「ゆとり」のある環境の中で、一人ひとりの子どもの個性の伸長を重んじた教育を推進する、という学校改革のねらいが述べられている。そして、同答申は、「生きる力」を次のように定義する。

我々はこれからの子どもたちに必要となるのは、いかに社会が変化しようと、自分で課題を見つけ、自ら学び、自ら考え、主体的に判断し、行動し、よりよく問題を解決する資質や能力であり、また、自らを律しつつ、他人とともに協調し、他人を思いやる心や感動する心など、豊かな人間性であると考えた。たくましく生きるための健康や体力が不可欠であることは言うまでもない。我々は、こうした資質や能力を、変化の激しいこれからの社会を「生きる力」と称することとし、これらをバランスよくはぐくんでいくことが重要であると考えた。

また、この「生きる力」は学校教育が単独で育成するものではなく、家庭、地域と連携しながら育成していくべき子どもの資質・能力であると書かれている。

特にこの引用箇所の前半では、「生きる力」の認知的側面について、「自分で課題を見つけ、自ら学び、自ら考え、主体的に判断し、行動し、よりよく問題を解決する資質や能力」と同答申が特に強調したい子どもの主体的な学ぶ力や問題解決の能力が挙げられている。そして、それに続くのが「豊かな人間性」の諸要素や「健康と体力」といった他の側面であり、「生きる力」は出発点から「子どもの発達に必要な資質・能力」をほぼすべて包括するような全人教育的な定義となっていた。別の言い方をすれば、多義的で、玉虫色であった。ただ、当初の定義の特徴は、同答申全体の論調として、反復学習や知識の詰め込みを強く批判し、「自ら学び自ら考える」力を最も重要視した。その主張の裏がえしとして、基礎・基本の学力についてはほとんど言及せず、学校の教科で学ばれる知識や技能は軽視されているととられかねない定義となっていた。このような一見したところの基礎・基本の学力を軽視する姿勢は、国際学力テストにおける日本の順位低下などをきっかけとしてにわかに起ってきた「学力低下論」の批判の的となる。

文部科学省は、学習指導要領の実施を目前に起こってきた学力低下論に対応するかたちで、基礎・基本の力の育成を再び強調するようになり、当時の遠山文科相が「学力のススメ」という緊急アピールを出し、「確かな学力」の育成を学校教育の重点目標の一つとして位置づけなおした（文部科学省 二〇〇二）。

さて、これによって、「生きる力」という看板が教育政策から下ろされたのかというと、そうではない。文科省は、「確かな学力」という新たに強調すべき要素を「生きる力」を構成する資質・能力の一部として組み入れることで、「生きる力」という鍵概念の維持を図った。二〇〇三年、指導要領の一部改正というこれまでにない事態が起こったが、その前に出された中教審答申では、「確かな学力」と「生きる力」の関係について次のように書かれている。

…子どもたちに求められる学力としての「確かな学力」とは、知識や技能はもちろんのこと、これに加えて、学ぶ意欲や、自分で課題を見付け、自ら学び、主体的に判断し、行動し、よりよく問題を解決する資質や能力等までを含めたものであり、これを個性を生かす教育の中ではぐくむことが肝要である。…（中略）…本審議会は、「確かな学力」、豊かな人間性、たくましく生きるための健康や体力までも含めて構成する「生きる力」がこれからの子どもたちに求められる力であることを前提とし、その育成を行っていくために、まずは「生きる力」を知の側面からとらえた「確かな学力」の確実な育成を、当面取り組むべき課題として考えたのである。

このように、「生きる力」の概念枠組が修正されたことで、一九九六年中教審が主張した「自ら学び自ら考える力」と基礎的な知識・技能（すなわち基礎・基本の学力）とは対立し合うものではなく、両者を総合したものとして「確かな学力」が形成されると示された。この、「確かな学力」と「豊かな人間性」、「健康と体力」の三要素により「生きる力」となる捉え方は、現在の指導要領まで引き継がれている。例えば、二〇〇五年の中央教育審議会答申では次のように学力観の捉え方が示されている。

現行の学習指導要領の学力観について、様々な議論が提起されているが、基礎的な知識・技能の育成（いわゆる習得型の教育）と、自ら学び自ら考える力の育成（いわゆる探究型の教育）とは、対立的あるいは二者択一的にとらえるべきものではなく、この両方を総合的に育成することが必要である。…（中略）…これからの社会においては、自ら考え、頭の中で総合化して判断し、表現し、行動できる力を備えた自立した社会人を育成することがますます重要となる。…（中略）…したがって、基礎的な知識・技能を徹底して身に付けさせ、それを活用しながら自ら学び自ら考える力などの「確かな学力」を育成し、「生きる力」をはぐくむという基本的な考え方は、今後も引き続き重要である。

以上をまとめると、「ゆとり教育」改革から生まれた「生きる力」は、後から現れてきた「確かな学力」と合成されることにより、考え方のバランスがとられた。それにより「生きる力」は、学力低下論者の批判にも耐えうるより堅固な概念となり、我が国の教育理念として現在まで生き残ることができたと言える。傍目には、こうした一連の文科省の動きは、世論や各界からの批判を受けて右往左往し、妥協案を取り繕っただけのように見える。しかし、米国の政策研究の知見に基づけば、こうした政策概念の「合成」や「融合」は、現実の政策形成の過程ではしばしば起こる現象である。例えば、Kingdon（1995）によれば、一つの政策が提起され実施される過程では、複数の政策潮流（policy stream）が合流し、ある潮流から生まれたラディカルな概念も、世論の反応やその政策の実現可能性をふまえて改変されたり、他の概念と合成されたりする。

「空体語」としての「生きる力」

一方で、このように「生きる力」が異論を唱えがたい概念になった反面、「生きる力」は、どんな資質・能力もその中に含みうると考えることが可能であり、政策の概念としては非常に多義的で曖昧なものとなった。政策の中核となる概念が多義的であることは、教育改革が目指す目標や方向性について現場に多様な解釈を許し、混乱を招くため、政策研究ではしばしば批判されるポイントである（例えばFullan 2001）。

「まえがき」でも紹介したが、池田（二〇〇五）もその著書の中で、「生きる力」という語の持つ多義性・曖昧さについて次のように批判する。

「生きる力」が教育改革のキーワードのようにして使われている。しかし、このことばは山本七平のいう「空体語」としての特徴がある。だれもその意味を明確にわかっているわけではないが、それを使えばだれもが納得した雰囲気がつくりだされる、そういうことばを山本は「実体語」と区別して「空体語」と呼んだ。「生きる力」は、明確に定義されることなく、教育関係者の間で雰囲気言葉として便利に使われているが、教育現場が混乱し、学力低下論による反撃を受けて文部科学省のいわゆる「ゆとり教育」路線が動揺をきたしている原因が、このあいまいさにある。

（池田 二〇〇五：一〇一―一〇二）

ここで池田のいうように、「ゆとり教育」路線の動揺の一因は確かに、「生きる力」という概念の曖昧さ、また、その真意を教育関係者にうまく伝えられなかったことにあるのだが、この池田の批判で筆者が特に興味深く感じるのは、彼が「生きる力」を「空体語」と表現していることである。「生きる力」という言葉には、意味が曖昧ではあるものの、池田の述べるように、「だれもその意味を明確にわかっているわけではないが、それを使えばだれもが納得した雰囲気がつくりだされる」という特質がなぜか備わっている。例えば、「生きる力」という言葉を耳にすると、読者の頭の中にも、子どもの成長や発達、それを生み出すための教育課題のイメージが色々と浮かんでくるはずである。これは、教師を含め教育関係者にとってももちろん同じであろう。こうした作用は、言語学者のソシュールの言葉を用いれば、「生きる力」という言葉のシニフィエ（意味内容）に備わる特徴と言えよう。

一方で、そのような「生きる力」の持つ多義性・曖昧さ、なおかつ「納得した雰囲気をつくりだす」作用は、教育行政にとっては非常に都合がよいのかもしれない。一例を挙げると、文科省には中教審以外にも多くの諮問機関が存在するが、それらの諮問機関の出す様々な施策の提案を、共通の目標で括るのに便利である。実際、「生きる力」の概念は、多くの審議会の中できわめて多様な文脈

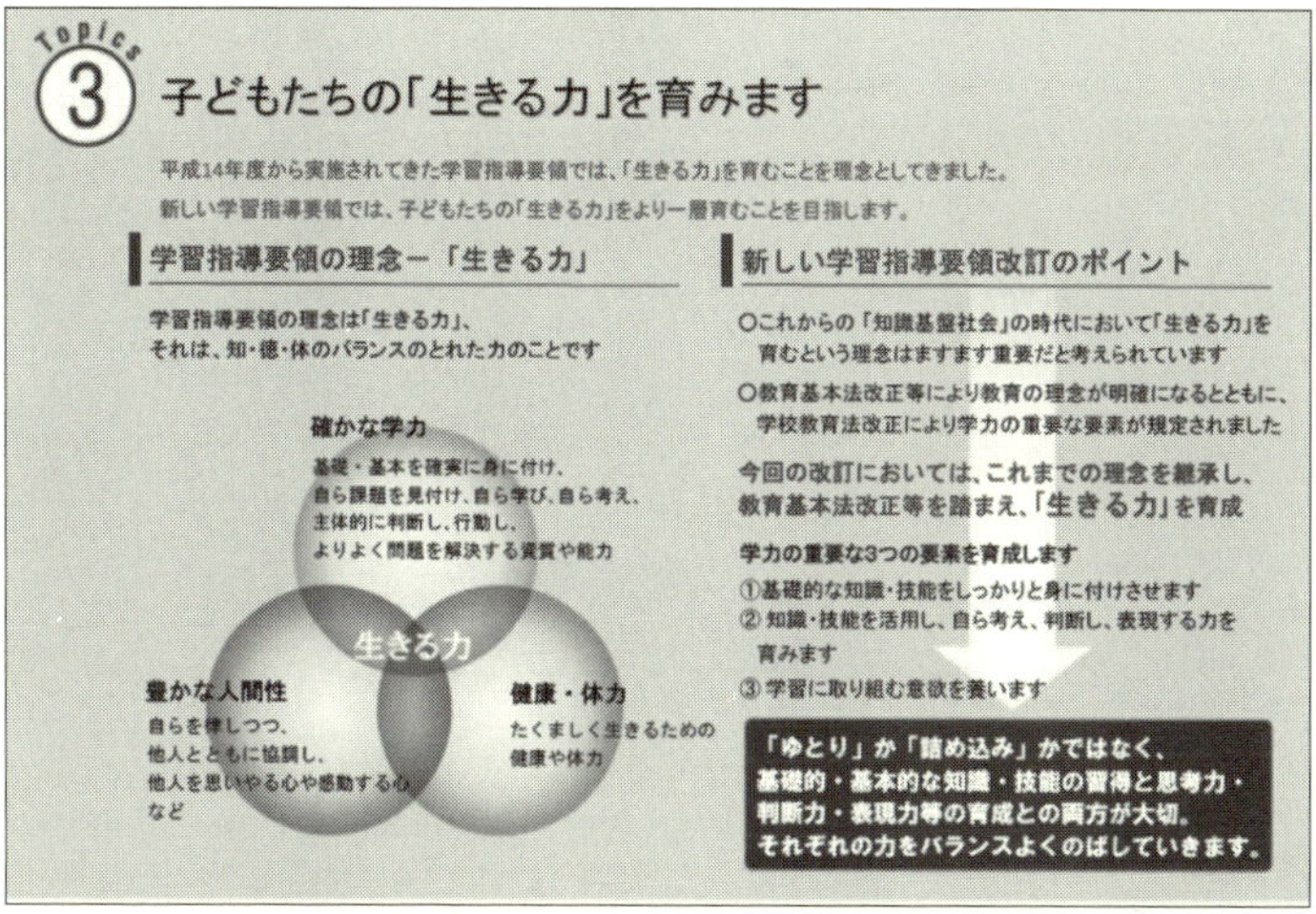

注）平成23年に文科省のHP上で公表された新学習指導要領の紹介リーフレットの抜粋。「『ゆとり』か『詰め込み』かではなく……」という説明にも見られるように、それまでの「ゆとり教育」への批判や学力低下論を踏まえて、文科省が再整理した「生きる力」の考え方が示されている。

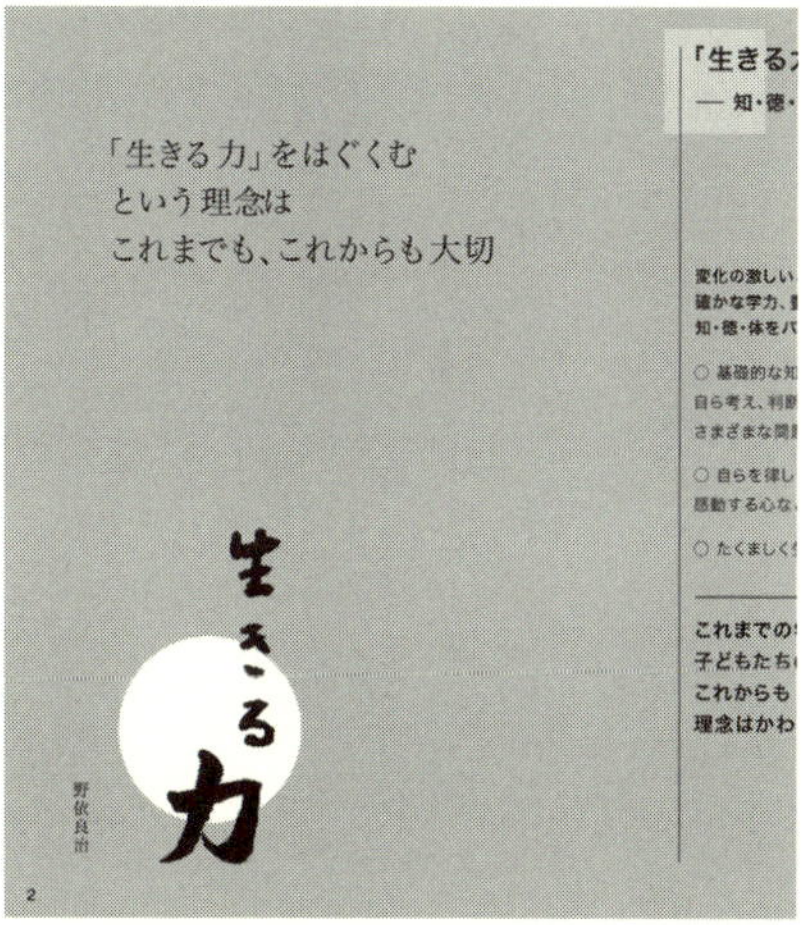

注）平成21年に公立小中学校の保護者に新学習指導要領の解説として配布されたリーフレットの一部。上記のメッセージのように、「生きる力」をはぐくむという理念を今後も堅持する文科省の姿勢が示されている。このリーフレットには、浅田真央や石川遼、よしもとばななななど著名人の「生きる力」の手書きのサインが掲載されている。

で――例えば、「心の教育」、生活体験・自然体験の促進、幼児教育、教養教育、「食育」にいたるまで――用いられた。つまり、施策についての言説の中で、「生きる力」の育成は、ある時には、他者への思いやりや協調性を育てることとして語られたり、自ら考え、問題を解決する力として捉えられたり、基礎的な生活習慣を身につけさせることとして捉えられたりしている。

また、国会議員など政治家にとっても、自らの提案に国の政策目標からの権威づけを行うのに「『生きる力』を育成するため」と述べるのは大変有効である。興味のある方は、「国会議事録」の検索システムで「生きる力」というキーワードを検索をして頂きたい。たくさんの官僚や議員が実に様々な文脈でこの語を用いていることが分かるであろう。

先行研究のレビュー――教師は「生きる力」をどのように理解したのか

以上、「生きる力」がゆとり教育路線の中で生まれた政策の言語の一つであることを確認し、さらに、それが教育政策のアリーナにおいて書き換えられる過程を見てきた。ゆとり教育の見直しによっても、それが日本の教育全体を冠する概念として生き残ったのは、一つには、教育政策のアリーナにおける言葉のキャッチボールにおいてそれが便利であったからであろう。

そして、ここからが本書の研究関心であるが、そうした政策のアリーナでの議論に最も影響を受け、かつ、そうした議論の蚊帳の外に置かれている学校現場の人々は、一体どのようにこの「生きる力」という概念を理解しているのだろうか。また、それをどのように語るのであろうか。本書の主眼は、社会学者のリプスキーの言葉を用いれば「ストリートレベルの官僚」、要するに政策の末端にいるローカルな人々の見方、語り方に向けられている。

前にも記したが、不思議なことに、日本では政策担当者は、自分たちの生み出した政策やそこに含まれる概念を現場にいる人々が「どのように捉えるか」についてあまり関心を払わない。また、政策研究の方もこの点についての関心が非常に薄い。一方で、筆者が研究方法を学んだ米国では、政策の実施課程、とりわけローカルの現場にいる人々が政策を理解する仕方に大きく注目してきた。なぜなら、かれらの理解の仕方が、かれらの政策実施の行動に大きく影響するからである。そのため、現場の人々の理解の仕方やその変化を視野に入れた調査方法として、量的調査法だけでなく、事例研究法や面接調査、エスノグラフィ、アクションリサーチなどの質的調査法が積極的に活用されてきた。

筆者が「生きる力」の学校現場における理解という問題設定を行ったのには、既に述べたターナー教授の「生きる力」に対する意外な反応もあったが、もう一つ、そのような米国の政策実施研究の影響も大きかった。以下、それらの米国の政策実施研究の分野での先行研究を少し見直したい。

筆者は、この研究計画を教師の信念研究（teacher's belief）および教育政策の実施（implementation）研究に関連づけて組み立てた。教師の信念研究とは、教師が自分の指導方法についてどのような信念（belief）を持っているか、また、それがどのような要因で形成されるのかを扱う研究領域である。日本語で信念と言うと、人が強く堅持する考えというような意味合いを持つが、ここでの意味は、その人が「正しいと信じている考え」である。信念研究の領域の特に重要な知見は、教師が自らの教え方について持つ信念と、彼／彼女の教室での指導実践との間には強い一貫性があるということである（Peterson et al. 1989; Richardson et al. 1991; Thompson 1984）。

他方、教育政策の実施研究も、政策の検証を重視する米国の研究風土において、かなり長い系譜を持つ領域であり、右の教師の信念研究と深い関連性を持っている。政府が立てる様々な改革・政策は、いったんそれが学校に持ち込まれると、現場の教師によって政策意図と異なった実践へと変化しがちである。なぜ変化するのかといえば、教師が自らの持つ信念に基づいて、改革案を「誤解」ないしは「曲解」したり、信念に合わない改革を無視したりするためだと考えられた。それゆえ、現場の教師の持つ信念は、カリキュラムや改革の効果的な実施を行う上で、鍵を握る要素だとして注目された（Fullan 2001; McLaughlin & Mitra 2000）。教育政策を立案する立場としては、改革を学校現場における真の行動変化につなげるためには、教師の信念自体を変化させる必要があると言える。

しかし、そのような信念の変化には、様々な障害がつきまとう。それは、単に学校現場にいる人々が、トップダウンの意識変革を嫌う傾向があるというだけでなく、教師の信念そのものが持つ性質にも関係する。ショーン（1983＝二〇〇一）が指摘するように、教師のような実践家は、そうした信念を常に意識の上で参照して実践しているのではなく、むしろその信念の大部分は、「暗黙知」として本人の意識にのぼらずにかれらの日常の実践を方向づける。Clark & Peterson（1986）も、教師の信念を教師が持つ「暗黙の理論」として捉え、それが教科の指導実践やカリキュラムの履行に対して大きな影響を与えることを指摘している。このように、信念には、教師自身にとって日常意識していない「暗黙の」部分が大きく、改革する側の限られた政策手段でその変化を促すことは困難なのである（Fullan 2001）。

もう一つ、教師の信念と政策実施の双方に関係する研究には、興味深い知見がある。カリキュラムや改革プログラムは通常、その核となるなんらかの概念（コンセプト）を有するはずだが、そうした概念はそれが抽象的かつ多義的になればなるほど、現場にいる人々の多様な解釈を許し、改革のインパクトを弱くする。Spillane（2004）は認知科学のアプローチで、現場にいる人々の政策の概念理解における多様性に対する説明を試みている。その説明によると、教師は自らが既に持っている信念や経験・知識をレンズとして、新しく導入された考え方を捉えるため、概念の新奇な部分もしばしば、一人ひとりにとって以前から知っているもの、既に実践しているものとして解釈されることが多い（Spillane 2004）。

こうした説明は、本研究を組み立てる上で、一つの仮説を立てるのに役立った。すなわち、文部科学省は、「生きる力」についてそれが何であるかを定義づけている。九〇年代末からの改革で、「生きる力」という言葉自体は教育関係者に周知されたはずだが、しかし、学校現場の教師たちが、それを理解する仕方は、教師それぞれが持つ信念や経験・知識によって、十人十色に解釈されているのかもしれない。

以上のような先行研究を踏まえた上で、筆者は自らの研究関心に基づき、「現場の教師たちは『生きる力』という言葉をどのように理解しているか」を中心的なリサーチクエスチョンとして研究計画を立てた。ただ、後に詳しく述べるが、この調査が進むにつれて、このリサーチクエスチョンの「理解しているか」という部分にさかんに首をかしげるようになると同時に、このリサーチクエスチョンに「どのように語るか」という一言を付け足すことになる。

研究のデザインと実施過程

本書の「生きる力」のインタビュー調査は、筆者が二〇〇六年に在籍していた米国の教育学大学院において、筆者のプレディサテーション研究（博士論文の研究に入る前段階の研究）として行ったものである。ちなみに、研究計画書は、先行研究のレビューから、調査方法の詳細、研究の意義に関する部分まで、指導教官から一言一句念入りに助言をもらい、その完成までに数カ月を要した。

既に述べたように、本研究の中心的な問いは、「現場の教師たちは『生きる力』という言葉をどのように理解しているか」であり、この問いに対して様々な研究方法が考え得るが、筆者は、調査対象の数は限られるが、一人ひとりの対象について、現象に対する理解を掘り下げて尋ねることのできるインタビュー法を用いることにした。また、当時、筆者には限られた調査期間しかなかったため、調査エリアを筆者に最もアクセスの良い大阪府内に限定し、調査対象も筆者に最も関心のあった中学校に限定した。

インタビューは半構造化面接という手法を用いた。複数の調査対象者に共通した質問をいくつか設定した上で、その質問に対する答えを自由に語ってもらうという形式である。質問の仕方が重要であるが、単に「生きる力についてどう理解していますか?」と尋ねただけでは、抽象論に終わる可能性がある。筆者としては、抽象的にそれをどう捉えるかも聞きたいが、同時に、彼らの日常の教育実践や学校教育に関する考え方との関連で、「生きる力」という概念がどのように理解されているかを多面的に尋ねた

表1　インタビュー対象者のプロフィール

名前	年齢	性別	市	教科	調査時の学校での主な職責
松田先生	50代前半	男性	A市	理科	学年主任
小嶋先生	50代後半	女性	A市	数学	副担任
山西先生	40代後半	男性	A市	社会	担任
中野先生	40代後半	女性	B市	理科	担任
山崎先生	50代前半	男性	B市	数学	担任
梅田先生＊	40代後半	女性	B市	社会	担任
高井先生	50代前半	男性	C市	理科	担任
山本先生＊	50代後半	男性	C市	数学	副担任
谷岡先生	40代前半	男性	C市	社会	生徒指導主事
今村先生	50代前半	男性	D市	理科	教務主任
奥田先生＊	40代後半	男性	D市	数学	担任
中林先生＊	40代後半	女性	D市	社会	担任

注）対象者の名前はすべて仮名である。また、＊がついている教師のインタビューは本書に掲載していない。また、表中の生徒指導主事は古い名称で、現在は子ども支援コーディネーターと呼ばれる。

かった。それゆえ、次のようなサブ項目――教科の授業実践、「総合的な学習の時間」の実践、関心・意欲・態度の評価、高校受験――との関連で「生きる力」をどう捉えるかも尋ねた。ただ、実際インタビューをしてみると、調査対象者の中には、「生きる力」に対する考え方とそうしたサブ項目がうまくつながっていない場合もあった。しかし、それらを尋ねたことで、個々の調査対象の教師像がより明確になった。（インタビューにおける質問項目は本書末尾に補足資料として載せている。）

前述のように、筆者は米国に留学中であったため、ほぼすべての準備を米国で行い、インタビューをする期間のみ、日本に一時帰国し、大阪府内の四つの公立中学校にて、計十二人の教師にインタビューを行った（インタビュー対象者のプロフィールについては表1を参照）。これらの調査対象校は、以前の調査で協力関係にあった、大阪府教育委員会の指導主事の方から紹介してもらい、各校の校長から許可を得て決定した。さらにインタビュー対象者は、校長に選定の条件をこちらから伝え（数学、理科、社会の三教科で一人ずつ）決めてもらった。年齢、性別等はできるだけ幅広い方が望ましかったが、十二人中男性が八名と男性に偏り、また、年齢は、全員が四十代以上のベテラン教師となった。

十二人の教師たちとのインタビューを通して

日本に一時帰国してのインタビューは、二〇〇六年の三月に六人、さらに同じ年の六月に六人を対象に行った。インタビューは主として、校長室やカウンセリングルーム、図書室などを使って行われた。計画を入念に行っただけに、一回一回のインタビューを無駄にしてはいけないと、対象となった先生方を前に大変緊張したのを覚えている。

筆者の問いかけに対し、自らの「生きる力」に対する持論を雄弁に示す教師もいれば、何を答えたらよいか戸惑う教師もいた。また、インタビューの録音を拒否する教師もおり、この時は、インタビュー中、一言も取りこぼさぬように必死で話された内容をメモし、帰宅後必死でパソコンに記録した。

こうした不測の事態はあったものの、インタビュー調査は全般的にうまくいった。調査前の予想通り、一人ひとりの「生きる力」の語り方に実に大きな違いがあることに筆者は驚き、データ収集の成果に満足してアメリカに戻った。そして、データを分析する作業に入り始めた。

テープ起こしを行い、録音された筆者と教師たちとのやりとりを聞き直していくと、多くのインタビューの中には、筆者の調査目的や行う分析にうまくフィットした教師たちの「いい語り」が岩石の中の鉱物のように豊かに含まれていた。にもかかわらず、聞き続けるうちに、筆者の心の中に大きな疑問が浮かび上がった。その疑問とは、インタビューで語られているのは、本当にかれらが「生きる力」について持っていた「理解」といえるのだろうか、ということである。

インタビューでは、筆者の質問に応えて、インタビュイー（インタビューをされる人）が語る、その繰り返しである。それゆえに、どのような語りが展開され、テキスト化されたとしても、その物語はインタビュアーとインタビュイーの共同行為によって織り上げられた物語である。物語の持つ、そのような共同行為的な性質は今までにも社会学の調査方法論の中で取り上げられてきたし、それ自体が問題ということではない。

筆者が気になったのは、教師は、人前で話すのが仕事であり、特にベテランの教師は、語るという行為について高い技術を持っている（もちろん、中には、筆者と同様に口下手な教師もいたが）。それゆえ、筆者が初めて投げかける質問にも、かれらの知識と経験をもとに論理的に考え即興的に語り返す力があるのではと考えられる。この点が気になるようになったのは、インタビューにおいて「生きる力」と自身の実践の関係についてよく考えていない自分の状況をありのままに話した、一人の教師の語りを聞き直した時であった。この教師は、こちらの投げかける質問に対して、大変戸惑いつつ、非常に焦点のぼやけた語りを示されたのだが、このことから逆に、他の教師の持つ、問いかけに対して即興的に応える高い語りの技術を認識するようになった。さらに筆者が感じたのは、インタビューにおける「生きる力」の語りは、教師たちが以前から持っていたスタティックな理解というよりは、インタビューのその場で即興的に構成された「生きる力」の解釈なのではないかということである。

もちろん、その語りが即興的なものかどうかを確かめる術は今となってはない。ただ、これは、筆者が教師になってから強く実感したことだが、教師は（特に中学校教師は）日々の生徒とのやりとりを含め様々な実務に忙しく、「生きる力とは何か」といった抽象的な命題について考えたり、それを同僚と語り合ったりする余裕は日常にほとんどない。考え、語り合うのは授業や行事をどう実施するのか、生徒に起こった問題をどう解決するかといった具体的な問題がほとんどである。

そうした状況と、教師が持つ即興的に語ることができる力を頭に置くと、本調査が筆者の問いたいと考える教師たちの「生きる力」の「理解」に本当にアプローチしているのか疑問に思うようになった。「理解」という言葉で、筆者がイメージしていたのは、かれらの持っている日常的で安定した見解であったからである。教師たちの語ったことが、こちらが研究のために用意したリサーチクエスチョンや理論枠組にうまくおさまらないという違和感が強くあった。この違和感のため筆者の分析は頓挫した。

当時感じていた違和感に筆者なりに折り合いをつけられるようになったのは、ずいぶん歳月がたってからである。それはナラティヴアプローチについて再び勉強しなおしていた際、質的研究のタームである「他性（otherness）」という視点を学んだ時であった。人類学者の小田博志（二〇〇九）の次の説明は、筆者に対する良い助言となった。

現場で出会う他者は「生きた他者」である。抽象的なカテゴリーではなく、具体的な顔と名前のある人である。現場の他者はステレオタイプを裏切り、一方的に対象化されることを拒み、こちら側の視点に挑戦をして、揺さぶりをかけてくるような存在ともなる。現場の他者はこちら側の認識枠組みの中に収まりきらない「他性(otherness)」を備えている。

（小田 二〇〇九：三四—三五）

このように現場の「生きた他者」は、こちらが机上で前提としたことに挑戦し「揺さぶり」をかけてくる。インタビュー内容の理解においても、こちらのあらかじめ設定した枠組におしこめるような捉え方では意味がないと言える。小田（二〇〇九）はさらに、研究方法について次のように助言している。

「他者の他性（otherness of the other)」を認識しその世界を理解するには、自己の手持ちのやり方では不十分である。それでは他者の世界を自己の枠組みに押し込んでしまうことになる。そうではなく他者の世界を〝内側から〟描き出すためには、できるだけ標準化・規格化されていない方法、他者との対話的な関係の中で即興的に進めていく方法が適切となる。

（小田 二〇〇九：二九）

ここでの小田の主張に基づけば、筆者はインタビューという対話手段を用いて教師たちの認識にアプローチしようとする点では間違っていなかった。しかし、調査段階で自ら設定した理論枠組にこだわり、かれらの世界を「内側から」描こうとする姿勢に欠けていたようである。そうした姿勢があれば、前述のような「語り」の内容に対する分析も違った角度から行えたはずである。

しかし、当時大学院生であった筆者は、短い時間の中で調査結果をまとめることで頭がいっぱいであり、そうした試みに時間を割くことをせず、自分の立てた研究計画のレールに自ら従い、分析を進めた。結局、十二人のインタビューデータから、分析をする筆者にとって利用可能な部分のみをコーディングして、語りの内容についての考察を加え、学会発表用の論文としてまとめた。その後、このプレディサテーション研究を一つのステップとして、筆者の研究関心は、博士論文のテーマである「『総合的な学習の時間』の実施」へと移行した。この小プロジェクトはいったん終わったが、なんとなく釈然としない気持ちが心に残った。

そして、二〇〇九年、博士論文を書き終えた筆者は、中学校教師となり、現場の観察者から、現場の実践者に立場を移した。現場の人となってからの日々は、教師としての仕事を覚え、日々起こってくる問題の対処に追われ、全く余裕がなくなった。しかし、二〇一一年の夏になり、勤務している市の中学生をアメリカに引率する仕事の途中、たまたま携行して読んでいた一冊の研究書との出合いで[★2]、人々の語る「物語」（ナラティヴ）の価値に改めて気づかされることとなった。そして、五年前に調査したデータをもう一度見直してみたい気持ちに駆られた。日本に戻ってから、「生きる力」に関して教師たちが語った「語り」のデータをもう一度見直し、時には録音データを聴きなおした。それと同時に、ナラティヴに関する社会学その他の文献を読み漁り、インタビューを通して得られるタイプのナラティヴとは一体何なのか、勉強しなおした。その結果、かつての分析において釈然としなかった問題に対して、自分なりの答えを少しずつ明らかにできるようになった。

★2　橋本満（一九九四）『物語としての「家」――パーソナル・ヒストリーに見る日常世界の解釈』。

教師が、筆者の問いかけに対して、即興的に答えたとしても、逆にもっと長期的に考えた結果としての信念を語ったとしても、あるいは、明確で一貫した形で答えたとしても、逆に不明確で曖昧な形で答えたとしても、それは、ある対象に対する「語り」（ナラティヴ）という形で他者に提起されるものであれば、それは彼／彼女の「理解」の表現の一形式に他ならない。質問紙調査において、自分の意見に近い選択肢に丸をつけるのと同様に、彼／彼女の「理解」の表現形式である。

ただ、彼／彼女の「語り」を彼／彼女の対象に対する「理解」を調べるソースとする上での課題は、「語り」の持つ共同行為的かつ即興的な性格からくる「語り」の一回性である。同じ被調査者が、あることについて全く同じように語るということはあり得ないし、同じ主題について、違った日に、違う調査者を前にすれば、同じ内容で語るとは限らない。「語り」というのは、それぐらい不確かさを持った素材である。

しかし、それでも、「語り」というものをベースに教師たちの「生きる力」の理解の仕方に接近する利点は、語りを通して、彼／彼女が「生きる力」を語る時に依拠している個別の教育的な物の考え方、すなわち指導観との関連を明らかにできるということである。インタビューデータについては、「生きる力」と彼／彼女の教育実践とのつながりについて尋ねたことで、彼／彼女がどういった指導観に基づいて、「生きる力」を語ろうとしているか深く分析することにした。それと同時に、本書における「語り」の提示においても、「何を語ったか」だけでなく「どのように語ったか」が読み手にもテキストを通して伝わるような形式にしている。

ナラティヴ・アプローチ

本書は、教師たちの語り（ナラティヴ）から、かれらがどのようにそれぞれ「生きる力」を意味づけ、自らの枠組の上で語るかに注目する。そのような意味で、本書は教育におけるナラティヴ・アプローチの研究成果の一つである。このアプローチについてもう少し説明を補足しておきたい。

近年、教育や医療、福祉など様々な「臨床」の場の研究領域において、人々のナラティヴ（語り）に対する注目が再び集まっている。そのように、「ナラティヴ」という形式を手がかりにしてなんらかの現実に接近していく方法はナラティヴ・アプローチと呼ばれている（野口二〇〇五）。

教育研究の分野においてもナラティヴ・アプローチを用いた研究が、徐々に増えつつある（稲葉二〇〇九、貴戸二〇〇四、古賀二〇〇〇）。稲葉（二〇〇九）では、少年院における少年の自己の語りの形式の変容に注目し「更生」の意味を捉え直している。また、同様に子どもを対象にした研究に、マクロな不登校言説と不登校の経験を持つ人々との意味世界との関係性について分析した貴戸（二〇〇四）や古賀（二〇〇〇）がある。一方、教員を対象にした研究においては、教師のライフコース研究などではもともと積極的にナラティヴが用いられてきたが、近年さらに、教師研究におけるナラティヴの活用は進んでいる。授業中の感情的な出来事に関する教師の省察にアプローチした木村（二〇一〇）の研究や七〇年代の荒れを経験した教師たちの経験に焦点を当てた川村（二〇一〇）の研究もその例であると言える。

ナラティヴ・アプローチの対象や分析方法は様々であるが、野口（二〇〇九）は、このアプローチに期待されている一つの役割は、対象領域における特殊な社会的文脈において「いまだ語られていない物語」を引き出そうとする点だとしている。まさに本書が試みているのも、中学校教師たちから、かれらの「いまだ語られていない物語」を捉え、解釈することにある。教師たちは、前述のように、日常の教育活動の話題から離れて、「生きる力とは何か」といった抽象的な問いに対して、日常的に語り合う場を持たない存在である。そして、政府も市民も、現場の教師が、公教育の目標として掲げられている「生きる力」についてどのように考えているか、それと教師の実践がどのように関係しているのか、直接尋ねたことは、今までなかったであろう。教師にとって「生きる力」とは何か、という問いとその答えは、教師をめぐる社会的文脈の中でほぼ完全に埋没している。本書は、そのように埋没した教師たちの「生きる力」をめぐる物語を表出させようとするものである。

最後に、以下の章における、教師の「語り」の提示にあたっては、各インタビュー対象者の語りをできる限り「丸ごと掘り起こした形」で行いたいと考えた。通常、インタビューデータを用いた研究書や論文では、調査対象者の「語り」の必要な部分のみを抜粋し、その前後に筆者の分析や解釈を埋めるかたちで提示されることが多い。また、調査者の研究意図を反映し、複数のインタビュー対象者のデータを横断的に活用し、論述していくパターンもある。しかし、本書では、一人ひとりのインタビュー対象者の物語をそれぞれ単一のケースとして扱い、多少の編集は加えつつも、できる限り個々人の語りを傷つけず、語られたそのままの形で提示していく。

一見、これはインタビューデータの生テキストをそのまま提示しているだけのように見えるが、決してそうではない。考察の対象として研究の素材となり、かつ、各ケースが読者にとってそれぞれ独立した一つの読み物ともなるように考慮し、その編集だけで実際、一年以上が費やされた。

こうした「語り」の提示方法の主なねらいは、教師たちが「生きる力」について語ったその物語を、筆者の側の物語にできる限り変換せずに、かれらの物語のスタイルを壊さず維持したいということである。それによって、かれらが「生きる力」について語る際の感覚的なトーンや、かれら自身の教師としての人物像、あるいは語りの背景にある一人ひとりの考え方などを、全体的に浮き彫りにしたいのである。

また、そのようなスタイルを取ることで、とりわけ学校外の人々に、個々の教師の相互に違った「生きる力」の語りを、よけいな論述を抜きにして、読み味わってもらえたらとも思う。それによって、インタビューを都合よく切り貼りした論述では味わうことのできない、インタビュー時に筆者が受けた大きなインパクトを読者にも感じてもらいたいのである。

最後に、筆者としてはインタビューした十二人全員の語りを収めたかったが、紙数の都合上、それがかなわず、他の教師と語りの内容に重なりが大きいと思われた四人について、本書では収めることができなかった。また、本書中の八人の教師の名前はすべて仮名となっている。

第二章

教師たちの「生きる力」の語り

日本には日本の型があって、それによって心ができあがっていくわけです。それはそれぞれの民族の文化、それをきちんとしつけていくと、きちんとした心が根付いて、学ぶということもできるようになっていくと思うんですね。結局、生きる力の一番の元は、文化を吸収する、身につけることだと言えますね。

松田先生（理科・五十代男性）

松田先生は、調査当時、一年生の学年主任を務めるベテランの教師であった。年齢は五十二歳で、担当教科は理科。調査当時、教師としての勤務年数は二十七年で、現中学校に勤務して七年目であった。長身で、眼鏡をかけた松田先生の服装はほぼいつもスーツ姿で、身なりをきちんと整えている。話す時は、目を見開いて一言一言を大きな声ではっきりと話し、話し振りは理路整然としていた。質問する私は、緊張感を持たずにはいられなかった。

結局、基本を仕込んでいくということでしょうね

「本題に入りますが、二〇〇二年度からの学習指導要領で、『生きる力』を子どもにつけることが学校教育の大きな目標として掲げられています。この生きる力という概念が、先生が理科の授業を組み立てていく時や、教える時に、重要なコンセプトとして先生の中で意識されていますでしょうか？」

「いくつかありますね。まずね、言葉は悪いかもしれないけれども、結局、（それを）仕込んでいくということでしょうね。『教育』なのだから、自主性に任せて、子どもの好きなように、自分の興味のあることをするとか、そういうことでは力がつかないのでね。義務教育の段階では、特にそう。そして、いろんな場面、いろんな事象が個人に対してやってきますが、そういう時に対応できる力。その一番の元は、基本ですよね。その基本を作っておかないことには、ただ好き嫌いがあるだけで、本当にその子が生きる力というのは身につかない。応用力とか、『生きる力』をつけようと思ったら、まずは、基礎を、型をつくる、ということが僕の根本にはありますね。こういう時はこうであるべきだ、こうするんだという、基礎がないと応用はできないわけですから」

「基礎が大事だということですね」

「理科であろうと他の教科であろうと、結局は、そこで学び、そして何かを身につけ、それによって生きる力のベースができる。その土台は大きくしっかりしている方がいい。土台が大きくしっかりしている方が、大きな家も立てられますからね。その大きな家を立てるということが、社会の中で生きていく時の『生きる力』と考えるから、その一番の基礎をつくるわけです」

松田先生は、将来起こる様々な状況に対応するための「基礎」が大事で、それを生徒に「仕込む」ことが必要だと考えていた。では、その「基礎」となるものの中身は何であろうか。

「で、『生きる力』の一番の基礎は、教科に限らないですけれども、その教科を学ぶ、理科を学ぶ、数学を学ぶという姿勢、もしくは態度。というか、そういうものが生まれてくるために必要なのは、まあ言ってみれば、勉強の仕方というか、文化ですよね。生活の仕方としての文化というものを、きちんと子どもに身につけさせてやれば、ちゃんと学ぶ姿勢ができる。きちんとノートを書く、きちんと聞く、そういう基本的な身のこなし方ですね、そういうのがきちんとしておれば、ちゃんと勉強しますんで、基礎的な事柄を身につけることができる」

文化・生活の仕方・基本的な身のこなし

右の語りを読んで、なんとなく松田先生の言わんとしていることを理解してもらえるかと思うが、実はそうすんなり理解すべきではないのである。「姿勢」、「態度」、「仕方」、「生活」、「文化」などの語は、松田先生独自の意味合いを持ってお互いに関係づけられているのである。その観点で見ると、松田先生にとって「生きる力」の「基礎」の最上位にくるのは、学習の「態度」や「姿勢」であり、それらを形作るものとして、「生活の仕方」すなわち松田用語で言う「文化」がくる。そして、「生活の仕方」（＝文化）を構成するものが、「基本的な身のこなし」としての、具体的な学習の仕方（ノートを取る、きちんと授業を聞く）などである。これが身についていれば、学校の中で必要な知識は自然と習得され、学力がつくと松田先生は考える。これらの用語関係をおさえた上で、まだ少し分かりにくいのが「文化」（あるいは生活の仕方）という用語である。

「文化、つまりは、生活の仕方ですね。例えば、古典芸能、お能だとか三味線だとかありますよね。ああいうものの作法。箸の上げ下ろしであるとか、挨拶の仕方であるとか、ふすまの閉め方であるとか、そういうふだんの生活の仕方、それによって意識をつくっていくわけでしょ。丁寧な意識をね。その国その国のやり方、生活の仕方、そして心ですね、気持ち。そして、そういった生活の仕方や心がかたちとして続いているものが文化だと思うんです。それは各国違うと思うので、日本には日本の型があって、それによって心ができあがっていくわけです。それはそれぞれの民族の文化、それをきちんと躾けていくと、それなりのきちんとした心が根付いて、そうすると学ぶということもできるようになっていくと思うんですね。結局、生きる力の一番の元は、文化を吸収する、身につけることだと言えますね」

松田先生の話は、国や民族の文化というところまで広がっていくのであるが、そういった文化の中の作法を一つ一つ身につけていくことで、「型」ができ、意識（姿勢や態度）が養われるというのが大筋の考え方のようだ。

「では、具体的な知識云々よりも、学び方の方が大事だということでしょうか？」

「無論、数学で方程式が解けたりすることは、実社会でも絶対必要だと思いますね。今、何円しか持っていない、リンゴは一個なんぼで、何個買えるかと、その時単純な方程式で解かなければあかんわけですよね。グラウンドに円を書く時に、半径なんぼにしたらええかとか、そういう時にも方程式が解けなければあかんわけですよね。しかし、その知識の前に、それを知るための元々の土台がいるわけです。それが国によって違うわけですよ。その学び方っちゅうのがね。日本ではこうであったり、アメリカではこうであったり、まあ、それが文化ですね。それぞれの国のやり方があるわけです」

「それが身についていれば、新しい状況に対しても、基礎をもとに応用がききますか？」

「だから、結局は態度ですね。新しい状況……例えば、何日までにやらなあかんという仕事を与えられた時に、もういややとかね。いわゆる、文科省の言っとった自主性というのがありますでしょう、いやなことはいやとはっきり言いなさいとかね。そりゃまあ、自分が攻撃されたり、変な誘惑にあった時に、『いやです』とちゃんと言えるという意味であったらいいんですけど、例えば、『ここを掃除してよ』と言ったら『いや』だとかね、これを学びなさいといった時に『いや』とか、面倒くさいといって始めない。一歩踏み出してやってみたら、『面白かった』

だとか、『気持ちよかった』だとか、『はじめてわかった』とか、充実感がやってくるはずなんですがね。そんな時に、一番根本にあるのは、学ぶ力の元には、素直さと少々の困難に耐えていける力というのが必要だと思うんですね」

確かに、あることの基礎を身につける最初の段階では、自主性というのは必要ではないのかもしれない。この点で、松田先生は、「自ら」を重視する当時の指導要領の考え方に批判的であった。自主性よりもむしろ松田先生が必要だと考えるのは、その基礎を身につけるまでに必要とされる忍耐力である。基礎を学ぶ過程では、「なぜそれを学ぶ必要があるのか」といったことも生徒にいちいち説明する必要はないという。

「直接学んだことが社会の中で、直接通用する、何のために数学するんやとか、何のために英語をするんやって、子どもらは分からないから、でもそういう基本的な、役に立たないと思われる事柄をたくさん身につけておる方が、生きていく時に役に立つ、そのベースになると思うんですよ」

子どもたちをコントロールすることに教育がうまくいくかどうかがかかってくる

それでは、松田先生は自身の指導の中で「生きる力」を育てるために、特に何を重視しているのだろうか。そういった質問をしていくうちに、松田先生の指導の仕方が具体的に見えてきた。先生はまず「挨拶」が大事だと話した。

「そうですね。観点としてはですね、すべての教科に共通することだとは思うけれども、今の子ができていないのは、返事ができない。例えば、役所でも、病院でも、『だれだれさん』と呼ばれても、返事もせえへん人がいますでしょ。返事がろくにできないんですよ。顔をあげるだけとかね。『はい』とさりげなくすぐに、素直に返事ができる。そういうのは躾けの部分だけれども、ちゃんと手をあげて発言をするだとか、言葉遣いも、相手をばかにしたような言葉遣いじゃなくて、きちんと会話ができるようになるためにも、相手を尊重した言葉遣いができるようにする、目上の人、下というのをきちんと区別できるようになる、それは生きる力ですよ。だから、授業中に呼ばれたら、返事をちゃんとすることとか、挨拶で『起立』って言われて、『礼』っていわれたらそのまま（の動作で）座っちゃう子とかね（実際、その動作を示してくれる）。いいかげんな姿勢で『着席』とか言っても意味がないんですよね、そういう一個一個のさっき言った文化ですね、人間の生活の仕方とか、一個一個の躾けというのか、そういう美しいかたち、生き方のかたち、これを授業で仕込んでいく。それが一つですね」

「挨拶は社会生活の基本ですよね」

「あとは、器具をね、正確に扱う。理科ですから、実験がありますから、乱雑に扱わずに、壊れやすいものを丁寧に扱うという心持ちをつくってやることですね。そうすれば、あらゆる場面で、乱暴に、ドアをばーんと閉めたりとかね、ものを粗末に扱ったりとかね、転がりやすいものはコトンと転がらないように置くとか、大事にするという心を育てる。例えばですけど、今思ったのは、それぐらいかなあ」

先に例に出された日本の伝統文化と同じく、理科の道具の扱い方の作法を教え、物を大切に扱う心を養うということだろうか。

「あとは、よく見ることやねえ、自然を。それは教える。調べてみたら、よく分かるという体験をさせる。『なるほどなあ』と。それによって、よく見るという習慣が実生活でもついてくるし」

「理科の観察といいますと、授業で具体的にはどういうかたちで？」

「植物を見たり、動物を見たり、鳥の羽、羽毛を見るのでも、片側は幅が広くって、根元の方はふわふわしている。よく見るということ。スケッチさせたりもしますね、その実物に関して。そこから物事が進んでいくわけで」

意欲・関心は授業の中でつくられる

筆者は、松田先生の授業を一度だけ見たことがある。ここまでの話を聞き、真面目な講義中心の授業をする方だとイメージされたかもしれない。この調査から約三年後の授業参観の日のことである。先生は、生き物の絵がすばらしく上手で、チョークで動植物の細部を生き生きと黒板に書き、時に鳥や獣の動きや声を真似たりして生徒の笑いを取りながら、「これ何でやと思う?」と適宜質問を投げかけた。チョーク一本の昔ながらのローテクなのだが、自分がこれまで見た中で一番面白い理科の授業だった。

「子どもはモノをつくったりね、モノを動かしたり、扱ったりするっていうのは、本質的に……探究心、好奇心があるっていうか、エネルギーがあるから、モノさえあればね、どんな小さなモノでも、面白がるもんなんです、子どもって。そういうものやから、まあ、モノを与えていきます」

「それは、先生が長いこと教えられてきても、昔も、今も変わらないことですか?」

「変わらないですね。本質的には変わらないと思うな。ただ、子どもたちをコントロールできるかどうかというところに、教育がうまくいくかどうかがかかってくると思う。きちんと挨拶をして、きちんと着席と言われるまで、こうしてきちんとじっとして、『直れ』、『着席』。そういう、きちん、きちんとしたけじめがついておれば、物は丁寧に扱うし。例えば、実験材料を投げたりとかね、混ぜたりとかね、勝手なことをしたり、授業が成立しない、という状況が、いろんな授業でできているわけでね、現代っ子は。そこのところの、一番のベースは躾けの問題ですよね。そうすれば、自然にきちんと統率がとれていて、聞くべきところは聞き、『始め』って言うたら始める。きちん、きちん、きちんとしているから子どもはうまくいって、うまくいくから子どもは面白いんですね。やっぱり、その……教科の工夫というよりも、授業をきちんと成り立たせるための、もっと元の、土台にある『躾け』というか、そういうことがベースにある。そこができたら、自ずからうまくいって生きる力がつく」

一つ一つけじめができているから、授業が楽しく思えるというのは全くその通りだと筆者も感じた。

「興味や関心、意欲を高めることも大事だと言われていますが」

「それは、結局こちらの教え方次第だと思います。子どもが興味を示す。『えーっ』とか『面白いな、これ』とか。実際にやってみる。理科では特にそうやね。ペンと紙だけでなく……それを越えるからね。例えば実際に、紙を二つに折る、折って何かをしてみようとする時に、うまくいかないんですね。筒を作ってみようとする時に、うまくいかない。実際にやってみると、色々な困難があらわれてくる。工夫が必要になる。となると、『面白いな』となってくる。それだけで面白いんですよ、子どもは。そういうこちらの教材の与え方やら、子どもが興味を持つ教え方を工夫すれば、子どもの自主性は伸びていくと思いますね。初っぱなから、何でもええから好きなようにしなさいという自主性は、子どもにとっては何をやったらいいのか分からんわけで、それは意味がない」

「はじめから、関心や自主性が子どもの中にあるというわけではなくて、先生方とのかかわりの中や、活動のなかであらわれてくる……?」

「出てくるものですね。後で出てくるものです。結局ね、今、文科省や上の人たちが考えているのはね、自主性はいつでもそのままあるものだと思っている。自主性はあとから出てくるものだと、それもつくってやらなければいけないと思う」

このように、松田先生は、生徒の自主性はアプリオリにあるものではなく、教師が引き出し、育てていくものだと考えている。

子どもを褒めるために評価というものはあるんだと思います

「『生きる力』の問題とも関連してくるかと思うんですが、評価の問題です。今はテストの点数だけでつけるのではなくて、観点別というのがありますけれども、意欲・関心・態度を評価するにあたり、どのような方法でそれをやられてますでしょうか?」

「評価は大事。大人でもそうだけど、どの子どももね、認められたい、認められたいがために、色々なことをやってるんじゃないかと思う。子どもは、褒められて充実感をおぼえたいから、『すごいねー。君はこれができるんか』と言われたら、顔を真っ赤にして、『うまくいきました』って。『すごいなー。これはなかなかうまくいかないんや』って言って、評価する。そういう意味での評価ですね。絶対必要やから、評価は大事。で、えっと、質問は観点別に関して、でしたっけ。科学的思考だとか、知識・理解。それから技能・表現、評価の項目が四つあります。科学的思考、知識・理解がきちんと備わっていること。技能・表現、すなわち器具の取り扱いがスムーズにできたり、片付けたり、準備したり、洗ったり、丁寧にきちんとできたり、結果をグラフにすっと表したり、表現する。この実験は、こういうことを目的にして、こういうことをこの方法を用いてやればできると説明できたり、作図したりとか……様々な表現ですね。それから、意欲・関心・態度。それで四つですが。ただ、我々評価する場合、例えば、この器具の扱い方がちゃんと分かっているかどうか、この薬品がこのような状態になったら、こういうことが分かるんだというようなことを、ペーパーテストで試した場合、それは知識なのか、つまりただ単に覚えこんだことなのか、そこで色々な基礎的な知識を使って、考えて導き出したものなのか、それとも実験のやり方を知っているから、その結果を見て、というかんじで実験ということができているのか。こんな風に、色々、複合的ちゅうかね、スープのように混ざっちゃってるもんだから、なかなか難しい部分はあります。一方で、授業中に発言させるようにしていますが、授業の時にね、『はい』って生徒が手をあげて、『はい、だれだれ君』って呼んだら、『はい』って答えさせて」

「さっきの躾けのことですね」

「幼稚園みたいに、一から教えてきちんとさせるんですね。それも、何カ月かたつときちんと身につくんやけどね。とにかく、生徒が『それは、こうだと思います』と、言葉遣いもきちんと応えてもらって。まあ、そうしたやりとりの中で、初めて、生徒の『ひらめき』も見えてきますからね。『えー、この子ええ視点から、工夫したものの見方してるなあ』って、結局子どもをこっち側がどれだけ把握するかによるんやけどね、そういうのをちまちまメモっていくっていう、そういうことから（意欲・関心についても）三段階でＡＢＣに分けるんやけど。おおむねできている、飛び抜けてこいつはエエ発想してるとかね、現象を見る時の視点がね、あるいはこちらがクエスチョンを出した時の、それを考えていく力というかね、そういう部分をこっちがちゃんと把握できているかどうか、ということがこちらの課題になっていくと思いますね」

「授業の中での観察もあるんですね」

「ええ。それからノートがきちんとできているかどうか、レポートがちゃんと書けているかどうか、そういう点ですね。ちゃんと褒めてやる。できてなかったら、きちんとしなさいと言っておく。そういった形で評価し、褒めてやる。また、褒めた時は伸びていくしね。どんどん積極的になっていくし、意欲的にもなるし。ノートもろくに取らなかったやつも、一言褒めることで、変わっていくこともあるし。いわゆる平凡な表現やけど、目が輝いてくるっちゅうのは、あれはほんまに輝くんでね。見てたらね、目の輝き方、光り方が違っているっていうのがすぐ分かるね。ぼーっと見て、だらーっとノートを書いていたのんが、ぐっとくいつくようなかんじで見てくるようになりますね」

「最終的には、ノートとか発言とか、総合的に、見た上で、意欲、関心を評価するというかんじですか?」

「そうですね、そこのところの分類が難しいんですけど。ノート、レポート、発言……それから手つきとか、そういうふうにチェックしていって、総合的に五段階なら五段階、十段階なら十段階で評価していく。

でも授業の中で言えば、評価はね、褒めることが大事だと思いますね。子どもを褒めるために評価というものはあると思います。あなたは三ですよ、あなたは四ですよ、まあ、四がついたらうれしいやろうけど。五がついたらもっとうれしいだろう。しかし、この評価というのは、通信簿につける数字とかではないから。対話の中で、評価してやるわけです。今日の話はとてもよかったとか。すると、その子も、ぐんとね、打ち込むレベルが違ってきますよね」

「総合」――社会の中で通用する立ち居振る舞いができなあかんわなあ

「教科指導の話を伺いましたが、今、先生方が取り組まれている総合学習の中で、生きる力の育成に関して、意識して取り組ませていることはありますか?」

「いくつもあったんだけどね。とにかく、社会の中で通用する立ち居振る舞いができなあかんわなあ。例えば、職業体験についてですが。そこの事業所の中で、面倒くさいという心よりも、役に立てるように、挨拶ができて、仕事を邪魔せずに、失敗せずに、よく聞いて、『よう仕事をするやつやな』と、役に立つようにしてやらなあかんわけでね。例えば、事業所の人にね、『今日はこれと、これやっといて』と言われて、『毎日掃除ばっかりやんけー!』

とか『おもんないわー』とか、そういうんじゃ困るんでね」

「他には何かありますでしょうか？　総合学習に関して」

「一年生はみんな、そこがベースやね。例えば、こうやって教師にインタビューしたり、講演を聞いたりする際の言葉遣いだとかマナーだとか。言葉遣いは、僕は今の一年生はよくできているなあと思うんですけどね。中学生が教師に『先生、これやってよー』なんていう子や、『貸してぇー』とか『貸してよ』なんて、まるで召使いであるかのような、そんな言葉遣いを今の子どもはするでしょう。そういうのはピシャリとね、あらゆる場所、あらゆる機会でね（注意する）。そんなんをベースにしながら、色々な取り組みをやっているわけで、いわば基礎作りですね。……それが、『総合』かな。自分は立場上、学年主任やっているから、一番根本のところを考えてしまうんですね。なぜ、これがうまくいかないのか、この取り組みをする時に、何を育てたいのか。これを育てたい。そのためには、どないしたらええのか、子どもがどうあらねばならないのか……一番元を辿っていくわけですよ。花を咲かせるためには、木をちゃんとせなあかん、いやいや木の前に、根がちゃんとせなあかん、根のためには土が必要だ。ですから、土のことを考えながら、花のことを考えなあかんわけですから、その一番根本のところを考えるのが私の宿題ですね」

狭い経験から興味や関心が出てくるわけがない

「総合学習に関してなんですが、文科省のアンケートの結果によりますと、とくに中学校の先生の中で、総合学習に対する反対が多いと。子どもが、体験だけに終わっていて、子どもの能力を伸ばすことにつながっていないとか、あと、教科学習の時間が総合学習に持っていかれて、基礎・基本の能力の定着が不十分になるとか、色々な理由がありますけれども。実際、『総合』についてはどのようにお考えでしょうか？」

「『総合』もね……いい部分もあるんですよ。でもね、『総合的な学習の時間』の、数年前に出た指導要領の考え方にあったようにね、子どもの意欲、関心、興味にしたがって、つまり、子どものあれがしたい、これがしたいっていうのをベースにして、そこからいろんな取り組みを始めるんだというのが、一番最初のねらいだったと思うんですね。その時の文部省、今は文科省ですけれども、その意図は失敗ですね！　だって、今までの経験が、保育所、幼稚園、小学校の経験しかないわけでしょ。その狭い経験から、意欲とか関心とか、そんなもん、基本的な知識がないくせに、何かやりたいことって、そんなもん出てくるわけがない。だから、かれら（文科省）は、最初から、意欲だとか関心だとか興味とか、その子が調べたい興味だとか、最初からあるもんだと思って、かかっている。そんなものはない。まあ、多少はあるでしょう。夕焼けはなんで赤いのか、というような単純な質問ね。なら一緒に調べてみようかとかね。これは、あくまで例えば、やで。その程度のもんなんやね。やっぱり最初は、教える側から、レベルの高いもんを示すことによって、現象を示すことによって、それに近づいていくということになる。

例えば、環境美化の清掃活動でもかめへんけどね、ごみがいっぱい落ちとる。いろんなもんがあって、汚い。掃除しよう。その作業が楽しいわけですよ。でも、『掃除なんかはいやや』というのが大多数やと思うんですよね。けれど、やり終えて、体験し終えた時には、すごく充実感があるわけです。子どもの意欲・関心・態度というのを先に、それがあるものとして、それに基づいてそれを取り組みの材料にするのは、それは、無理。例えばね、町が汚い。それをね、こちらがフォローしてね、じゃあ、掃除に行ってみようか、何が落ちているか、どこに何がどのくらい落ちているか、それはどうしていったらうまくいくのか、全部、筋道立ててやっていく。子どものわがまま、気まま、勝手な発想にしたがって、そこをスタートにしていたらね、なんら上等なものが得られないわけです。

……失敗！」

繰り返しになるが、松田先生が指導要領の考え方において、最も批判するのは、この生徒の興味関心や自主性に基づいて、『総合』や教科のカリキュラム、指導法を組み立てていくべきだという発想である。

「話は変わりますが、選択授業★3ていうのがあるでしょう。子どもの好きな教科、苦手な教科を伸ばしていくというのが根本の考え方にあるんでしょうが。でも、意欲だとか、自主性だとか、そういうものがあるってどういう風にして分かるんだっていうんです。だから、それは失敗。そんな、意欲だとか自主性だとかいうのは、また後になってから。

そりゃそうじゃない？　華道にしたって、茶道にしたって、剣道にしたって、芸術にしたって、まずは個性もくそもあったもんじゃない。模写から始まるわけでしょう。みな一律に。彫刻刀の使い方、筆の使い方、弾き方、こういう奏法があって、琴を弾く時でも、こうおさえる時と、おさえない時と、とか。色々基礎があると思うんだよね。その人の個性なんて出てけえへん。最初から、個性という見方に立っているからね、好き放題の子どもが生まれる。だから、もっと基礎勉強を、有無を言わさずやらす方が、『生きる力』になる。だから、『生きる力』つけようとして、『総合的な学習の時間』の内容や選択授業、自分が選ぶなんていうのは、逆転している！　発想がね。僕は間違っていると思う、そもそもの発想がね」

「でも、実際どうですか？　総合学習自体は、なくなった方がいいと？」

★3　平成元年告示の学習指導要領から導入され、中学校では年間七十時間を上限に実施することが規定されている。学校側が設けた数種類の科目から生徒が選び、授業を受けることができる。現行の指導要領では、その実施は義務ではなくなり、ほとんどの中学校で時間割から消えている。

「いや、今も取り組みはあるから。『総合』の時間というのが設定されていれば、色々こちらからお題を与えて、色々と取り組むことはできる。だから、時間はあった方がいい。その根本の、一番最初の総合学習がはじまった時に、子どもの意欲、興味、関心、これをもとにして、色々せえというのが間違っている。そういう仮定に立って、組み立てられた指導要領やから、発想が逆転している。最初から意欲も興味も、関心も高い子が仮にいたとしたら、よほど基礎ができていて、見聞が広くって、質問、疑問をたくさん持った、よほどできた子じゃないだろうか」

高校入試は絶対必要ですね

「あと、もう一つ。中学校の段階で、先生に期待されていることの一つに、高校入試に向けて準備させていくということがありますが。そういう意味で考えますと、生きる力の育成という問題と、高校入試はどう関係しているのかについて、お答え頂けますか?」

「大きいですよね、これは。例えば、高校入試がなくなったら、どうなるか。人間は怠けものだからね。弁護士になるなら弁護士の、サッカー選手だったらサッカー選手の、それになるためのハードルをクリアせなあかんわけでしょう。色々な試験という形でね。まあ、学校の先生になりたければ、高校、大学にいかなあかんとか。とにかく、高校にいかなあかんと思って必死になるわけですよね。落ちたらいややし。その凝縮された必死さというのは、絶対に人間にとって大事なんですね。それが、もし高校入試がなくなって、のんべんだらりとなっとったらね、しゃかりきになって、必死になって徹夜までして勉強している姿が、もしなくなったとしたら、人間、情けないもんができあがると思いますね。そういう意味で高校入試は絶対必要ですね。だから、後押しをしてやらなあかんわけです。

で、じゃあ、親は高校にさえ入れてくれればいいと思ってたとしたら、それはまた親が間違っていると思う。親がもともと、ちゃんと躾けて、社会人としてきちんとした、立ち居振る舞い、身のこなし、そういった行動のすべてが、きちんと躾けとしてできておれば、あとは勉強教えるだけで、それで大丈夫です。ところが、親からしてそれができておらんわけやから、そのへんのベースを我々がつくるしか、現代はないわけです」

ここに述べられているように、松田先生は、高校受験に向けて必死に勉強することは、「生きる力」を育てる重要な成長のステップだと主張する。

「ですから、基礎基本の力というのが、生きる力である、それをつけないことには、高校入試も無理だし、応用力をつけてほしいっていったって、基礎力がないのに、応用力がでてくるわけがない。躾けや立ち居振る舞いがきちんとできておらんくせに、社会の中でやっていけるわけがない。だから、基礎と、それから中学、義務教育を終えて、外に出ていくという力、生きる力というのはそういうことなんですよね」

「受験にむけて熱心に勉強する姿勢をつけていくことは、生きる力であると」

「そうですね。確かにね、一時、高校入試はなくした方がいいだとか、受験戦争という言葉がはやった時期がありますわね。競争はだめだとかね、人を蹴落としてでも、とか。とんでもない。もっと、元へ戻さないかん、競争させなあかん。じゃないと、人間の生きる力はつかない。今は逆。逆になっちゃってる」

「ゆとり教育」の考え方には、受験競争がもたらした様々な学校教育の弊害をなくしたいという発想もある。そういった受験競争の緩和のねらいについて説明すると、松田先生はかなり語気を荒くして批判した。

「そんな馬鹿なことをするからね！　とんでもない奴ばっかりができてくる。『ゆとり』ってなんでしょうね。ぐうたら人間をつくったらいいのか」

「たぶん、モデルにしたかったのは、欧米のように、高校入試がなくて、中高の六年間を、リラックスして、自分の勉強ができるというスタイルではなかったのでしょうか」

「それが失敗やったんです。逆にアメリカは日本のやり方を追いかけていますよね。今になって、日本の昔のガリガリ勉強をさせようとしているでしょう。基礎力がないことには社会で通用せえへんからね。インドでも、この前聞いたけど、かけ算なんかも、九九じゃないんやな。二桁掛ける二桁を覚えさせますね。もう、すさまじいよね。だから頭の働き方が、現代の、円周率を三にした日本人と、そういうハイレベルな数学を必死で勉強している連中と（比べると）、日本が下がってくるに決まっていますよ。まあ、アメリカは多様な民族国家やから、いかに国をまとめるかということが大事やけど、まあそれで堕落した経験があるから、それを改めるために、日本のやり方から学びはじめている。ところが、日本は日本の仕組みを作るのに、アメリカを真似したから、日本は下がってきている。元の方がよかった。だから、ゆとりは失敗。子どもが苦労しないですむようにと、学ぶ中身を減らして『ゆとり』をつくったつもりになってる。基礎をがっちり、丸覚えに見えてもなんでもかめへん。社会の中で生きていける、立ち居振る舞いや礼節や、いわゆる文化をきちんと身につけて、そこから勉強も、きちんと聞いて、きちんとノートにカリカリ書き取る。自由な発言とか、そんなんじゃない。普通の勉強。それをきちんと行い基礎を身につける。その二本立てで、日本は全然違ってくる。そういうことが尊重されない風潮が作られたのは、戦後教育が悪いんです。人間の基礎をつくることをおろそかにして、文化を断絶させるようなことをしてね。どうなって来てるか、現場を見ていないから。でも、現場はそれを、基礎をつくっていくことをしていかなあかんのです」

個性とかいう前に日本人としての文化の型を

右のように、インタビューの終盤あたりでは、ゆとり教育への批判が展開する形になった。

「ここまで、生きる力について先生のお話を伺ったのですが、義務教育課程の中で『生きる力』を伸ばしていくということについて、総論としては先生は賛成ですか？」

「だからね、生きる力をどう定義するかということによって、必要なのか、それとも、それは後でもええというふうになるのか。とにかく、生きる力というものが重要だと、国の上の方針として、出てきているわけやから。じゃあ、生きる力とは一体何だろうというふうに考えた時に、結局は、既に言ったように、人の生き方としての、その国の形、つまり文化ですよね。それを身につけさせてやること。立ち居振る舞いとか、言葉遣いとかね。その上に、教育はやっと成り立つ。そう考えれば、『生きる力』には賛成ですね。ところが、そういうことを考えずに、なんかひ弱な子とかが出てきているだとか、人間関係がうまくいかないとか、引きこもったり、すぐに弱音はいたり。要するに逃げてるわけでしょ、その場に耐えられなくてね。学校だったら学校の現場の状況に耐えられないから、いろんな人間がいる所には入っていけないし、勉強が面白くないから、学校にも行かないようになるし、だんだん自分の世界に入りこんでしまうようになる。そういう子が増えている現象だけを見て、生きる力、生きる力って言っている気がするんです。だから、もっと小さい頃からやらなあかん。話を聞いているとね、子どもが育っていく過程を見てて、親にその力がなくなってきているから。結局、戦後、そういう時代になってきたわけでしょう。自由とか自主性とか、個性とか、まあ個人主義ですよね。で、今になって慌てふためいて、人の役に立つことが大切だとか。とってつけたように言ったりして。いっとき前では、個人のいろんな考えが、個性だということで、それを小さい頃から初っぱなから認めちゃって、やらしちゃっているから、子どもは何をやっていいか分からんですよね。人間としての形が、日本人としての型ができないことにはね。

もちろん、小さい頃から、親や社会が子どもを育て、学ばせるやり方は、各国、民族によって違うかもしれない。でも結局は、一緒なんだ。社会の役に立てる人間になりたい、人のために生きるとか、そういうことが根っこになるように育てないといけないんですね」

中野先生（理科・四十代女性）

生きる力というか、そうですね、コミュニケーションというのは、大人になってからも困りますからね、一番。トラブルで学校や仕事をやめたり、自分が評価してくれてへんと思って、くさったりするでしょう。それは、コミュニケーションがやっぱり原因じゃないかなあと。それを育てていきたい。相手と自分は違うんだと。あかんところはあかんと、ちゃんと言いと。自分があかんかったら、その部分は認めて、直せるところは直しましょうと。いつも言ってます。

友だちの考えていることを理解する、とか

中野先生は、大きな目で話す相手を見つめ、サバサバと自分の意見を述べる女性教師である。二十五歳で初めて中学校の教壇に立ってから二十三年間、現在の中学校に勤めて調査当時で九年目になる。時折、質問の意図に戸惑う様子を見せながらも、大きな目を輝かせて思うところを語ってくれた。

「うーん。だいたい、私が力を入れているのは、友だちの考えていることを理解する、とか。自分と友だちが考

えていることは違うんだけど、だいたいいじめとか不満とか、自分のものさしで友だちを計っている場合が多いんですよ、生徒がね。それで、自分がいやなことは、人もいやなんだけど、自分しか分からない場合とか、自分と相手は違うから、同じことをしても、自分がいやじゃなくても、相手はいやなこともあるじゃないですか。そうなっても、いやだということを気づかない。自分が相手にいやなことをしていても気づかない。で、面白いから、やっているとと。ということで、トラブルが起こってしまう。逆に、自分がされていやだと思っていても、いやと言えない。伝え方もへたくそやしね。相手がどう思っているか理解し、想像し、対応する、ということ……相手を理解しながら、どうコミュニケーションうまくとっていくか、かな」

「それが一番大事なことですか？」

「だと思いますよ。『生きる力』として大事というか、日々対応しているのは、それが一番多いですね。『あなたはどう思ってるの？　じゃあこう思ってるの？』、そういうのを教えていく作業が一番多いんじゃないかな」

「友だちの気持ちを想像して、共感するということですか？」

「共感するというか、理解する。共感までいかなくても、理解すらできていない子が多いです。共感というのは気持ちで分かるものだけど、頭でまず分かってない。共感できる子っていうのはやっぱり、その能力が高い子です」

「やはり、それが一番大事ということですか？」

「『生きる力』、って言われたらまず、そう……『生きる力』というか、そうですね、コミュニケーションというのは、大人になってからも困りますからね、一番。トラブルで学校や仕事をやめたり、自分を評価してくれてへんと思って、くさったりするでしょう。それは、コミュニケーションがやっぱり原因じゃないかなあと。それを育てていきたい。相手と自分は違うんだと。あかんところはあかんと、ちゃんと言いと。自分があかんかったら、その部分は認めて。直せるところは直しましょうと。いつも言ってます。まあ、当たり前なんですけどね」

このように中野先生は「生きる力」を考えるにあたって、最も重要なのは対人関係におけるコミュニケーションの力であるという。

「自分の考えをうまく言えずにトラブルになることは多いですよね」

「そうですね。たいがい（自分の思いが他人には）伝わってないですね。腹が立つから、『むかつく』とか言うんですよね。相手は何がむかついているか、分からないと。ようよう聞いたら、借りたペンをすぐ返してくれへんかったんや、とかね」

生徒に日記を書かせる

中野先生は、生徒たちが今の学校生活を生き抜く上でも、また、将来の社会生活を生き抜く上でも、必要な「生きる力」としてコミュニケーションの力が大事だと考えている。それでは、そうした力を育てる上で、中野先生はどのような実践に日々取り組んでいるのだろうか。ここで中野先生が語られたことは意外で面白かった。実践として、最初に語ったのは、問題を未然に防ぐために生徒に日記を書かせることだった。

「それはね……問題をキャッチして、間に入って解決するのんやから、実践ていったらなんやけど、日記を書かせるんですね。学校であったことを書きなさい、うれしかったことと、気になること、いややったことを書きなさい。で、時々書いてくるんです。いややったとかね。それを、実践ていうのか、なんか知らんけれども。それは小学校でやってたと思うんですね、昔は」

「そうですね。毎日、いつ提出するんですか？」

「朝に集めて、昼とか夕方とか、その日のうちに返します。で、週に一回ぐらいはなんか書いてきますわ。しょうもないことですけどね。教室のベランダ出たらあかんていうてるのに、○○ちゃんが出てたとかね。○○が、こ叩いてくるとか。で、聞いて。まあ、いけるかなと思ったらほっといて、あかんと思ったらね……実践というほどのことでもないですけどね。見たり、聞いたりというのをね。授業中でもね、『あ、なんかへんなかんじやな』とか、『あ、これは絶対もめとるぞ』とかね、機嫌悪いとかね。観察ですね。で、あとは、こんなんやった、あんなんやったって（教師の中で）言うて、で、他にも何人も先生がいてますからね。次の先生がまた見るでしょう。そしたら、ああ、おかしいなって。そう思って見てくれる先生が増えていけば、問題は未然に防げる。防ぎながら、子どもは少しずつ、力をつけていく。怒られるからせえへんというレベルにしたって、力がついていくと」

言い換えれば、生徒の間の問題の芽をいくつかの方法で見つけ出し、それを生徒同士の対話で解決可能な段階のうちに対話を通して解決させるということであろうか。

「例えば、二人の子がケンカしてるとしたら、どうするんですか?」

「暴力をふるうと最後にけがしますのでね、なんでやっていうのをね、こっちに聞いて、あっちにも聞いて、聞いたら、この子が悪い、あの子が悪い、と。この分はあなたが悪いと、整理をするんですね。みんな、ケンカになったら、むこうが悪いと思ってますからね。ケンカはね、分からなくて、ケンカしてる時もありますよ。本人らも知らんうちに。そうなると、解決するのが難しい。ともかく、学校で起こっているケンカの半分以上はキャッチしてるけど、あとは、こちらが知らんうちに、勝手にしてるのもあると思うんですよ」

「そうやって解決しているうちに、子どもらの中でそういう力はついていくものなんですか。問題解決のスキルといいますか」

「少しずつね。ただしこっちの指導の仕方が、はずれてたらあかんねんけど。それと、一貫性がないと、子どももこんがらがりますでしょ。なんでケンカした時に、僕の方がたくさん怒られるんかって。だから、話しながら、これは、本当に一貫性があるんだろうかと思うんですけどね。やっぱり、思い込みで、こっちが悪いと思い込んでいる場合もありますしね。でも、できるだけ公平な立場で聞いて、整理をする。で、いろんな情報を持っていないと、一方的になるから、そのように取り組みます。……というか、日々せざるを得ないことですね」

中野先生は、問題解決を通して、生徒それぞれのコミュニケーションの力を育てることをねらいにしている。これは、近年言われている「ソーシャルスキルトレーニング」の考え方と全く一緒である。ただし、それを効果的に行うためには、教師自身がファシリテーター役として、問題の当事者である生徒たちの状況や思いを十分に理解し、公平に対話を促し指導する必要がある。「公平に」行うためには、先の日記の話もそうであるが、生徒の日常観察により、情報をできるだけ多く持っていなければならない。

きちんと考えるよう、ハンドルを切ってやる

中野先生はまた、コミュニケーションの力を働かせる、その一歩前の前提として、頭の中で自他の状況を整理して理解する（想像する）ことが大事だとも語っている。

「あとは、状況を整理する力とかかな。理科の教育の中でも言ってますね。実験事実とかもそうですけど、それを整理して、法則化していくことね。ほんなら、あ、そうやな、と。結論みたいなものが分かるでしょう。事象を客観的に整理する力。理科でも、できるだけそうしていますが、子どもがなかなかできることじゃないので、授業では大部分こっちがやってあげてますね」

「状況を整理する」ためには、頭の中でその状況を十分にイメージする、すなわち、想像するということが大事だが、生徒にとってはそれも容易なことではないと中野先生は言う。

「客観的に整理するとか、それ以前の問題でね。まず人の話をきちんと聞くとか、どう思って何したとか、想像力働かせるとか……。それについて自分はどう思うとか、自分やったらとか、自分に対する想像力みたいなものもある。自分と似ているところ、ここは違うとか、我々の言葉では、『重ね合わせる』と言いますけど、そういうことをできるようにしないと、想像力はつかないですね。まあ、おおまかに言うとそういうことです。

一例を挙げると、今、コース別学習[★4]で人が来ているんですよね。自分と少し違う人から学ぶということをね。……例えば、中国から十七歳で日本に帰国してきて、夜間中学に行って、そこで、日本語全然できなかったんだけど、勉強して、外国人枠のある高校に入学した子の話を聞いたんですが、まったく自分たちと生活状況が違うから、簡単には想像力働かないですね。子どもたちにとっては、え？言葉ができない、でも、三年であんなにしゃべれるのかって、すごいなって、その程度なんです。もうちょっと、いろんな苦労とか、喜びとか、あったはずやろうって。想像力とか働かせてほしいな。でも、言えばちょっとは想像する。言わなかったら、ぼっさーと聞いてる。そういう時に、そこから何か学び取ろうとか、気持ちを分かろうとする、そんな気持ちをどう感受するかですよね。

はじめは、自分と境遇が違うから、面白い、面白い言うたら失礼ですけど、興味深いじゃないですか。でも、そう思って聞く子は、そんなにいないですね。だから、もっと想像力を働かせて、自分やったらどうかとか、この言葉の中にはこういうことがあるやろうって、もう一度考えてごらんって子どもたちに言うと、ちょっとは考えますね。言わないと考えない。まあ、ある程度の指導が必要ですね。特に、私らが言うのは、『もっとちゃんと考えろ』ってね。でも『ちゃんと』じゃ分からない（笑）。『ちゃんと聞きなさい』とか言うんですよ。だけど、何がちゃんとか分からないから、少し例を挙げて、想像ができるようにね。『ハンドルを切ってやる』って私ら言うんですけどね。もうちょっとこういう方向にとか。でも、たいていぼーっとしてます」

特に、他者の気持ちを想像する力が生徒の中で弱い理由として、中野先生は近年の「家庭」の側の変化が背景にあると説明する。

「私ら教師でよく言うんだけれど、たぶんきょうだいとか家族が少ないからね、そういう想像力を働かせないといけない機会が減っているんじゃないかと思いますね。子どもなんかは、家族が全部やから、ケンカとかして、泣きながら叩き合いとかして、繰り返してね。きょうだいやから、そういうのもコミュニケーション能力高めるんだって、どこかで聞いたことあるんですよ。お母さんにやーっと怒られてね、全然解決しなくっても、想像しながら力をつけていく、らしい。そんな話をどこかで聞いて、なるほどーっと思ってね。親も忙しいから、あんまり対決しないですね。怒って、座らせたりとか。きょうだいでもそうやし。だから、そういう力は決定的に減っているかなあと。『かなあ』なんで正直分からないけどね。子どもは学校の中で、初めて色々な人に出会うというかんじ。今、ある中学校で『人間関係学科』[★5]っていう『総合』の授業をやっていますが、そういうのもやっぱり、必要なことですよね。それが、まあ、一番の『生きる力』。一言で言うと難しいですけどね」

★4　この中学校の総合的な学習の時間において、一年生の後半に行っている体験学習の形態。教師が用意した高齢者福祉、障がい者福祉、保育、視覚障害、地域防災等のコースに生徒がそれぞれ自分の希望で分かれ、校外へのフィールドワークを取り入れながら調べ学習を行い、最後に全体で発表をする。

★5　松原市立松原第七中学校や中学校区内の小学校で研究開発が進められている人間関係調整力を育むための教育プログラム。ソーシャルスキルトレーニング、「出会いと気づき」の学習、アサーティブな人間関係調整力を育てる学習などが発達段階に合わせて柔軟に取り入れられている。

「他者を理解するとか、想像力を働かせるとか、つながっていくというのが、先生の中で特に重視されていますか?」

「うん。生徒は自分も理解できていないですね。他者だけ(を理解できていないの)じゃなくて。自分がいま何がいやなのかとか。なんだか分からないけど、なんとなくいやとかね。こんなことじゃないの?、あんなことじゃないの?って言ったら、それもあるとかね。あんたはこれやろ、ってうまく暗示にかける方法もあるんですけど、そういうとすっきりしたりすることもあるし、そうじゃない時もあります」

「他者理解と同時に、自分も理解するということですか?」

「自分のことを想像できないんです。自分に対しても想像力を働かせられないから、なんか分かってないっていうか。まあ中学ぐらいやからしゃあないんかな。かといって、大人ができているかっていうたら、そうでもないしね。でもね、せざるを得ないですね。まあ、家におる時は、守られているとか、ある程度わがままも通るけれども、学校に出てくるといろんな子がおるから、トラブルが起こるんですよね。育てていくというか、それを防止したり、解決したりしないと、ケンカになったり、休んだり、心が病んでいったり、なんだか分からないからね。解決していきながら、ついていくんですよね。それはまあ、自分でしてくれたら、楽だろうとは思いますけどね(笑)。私らはほとんどそれに力を割いてるっていうか、こちらも、悩まされているっていったらおかしいんですけど、大丈夫かなあって心配しているんですよね。賛成とか、反対とかそういうことじゃなくって、せざるをえない。そやないと、いじめになったり、不登校になったり、そっちの原因になることが多いですね。もちろん、家庭でしようと思っても、仕事が忙しくてできない。そんな余裕がない、家族が少ない。親自体も、だんだんそういう訓練が減ってきている。もちろん期待はしますけど、家庭でしてもらいたいと。でも、無理というか、難しいと思いますね。

家族同士でもコミュニケーションが減っているし、会う時間が少ないですから。だから、難しいかなあと。そういった状態で子どもは、ばーっと社会に出るもんだから、社会って、学校やけど、そうなるとうろたえる。で、近所の子とも遊ばへんでしょ。ボスおったり、弱い子おったり、年齢ちゃう子と。仕方ないですよね、そういう社会になっちゃってるから。それを社会変えようっていっても……すぐ変わらんしね。まあ、その社会に適応していけるようにしていかないと仕方ないですよね。私らも現場のもんですから、できることをしないと仕方ないんで。『そんな困るわ』とは言えないですし。もちろん『家でしといてくれ』と思う時はありますけどね。仕方ないですね」

意見がぱっと出るような雰囲気

「理科の授業の中で、『生きる力』を育てるといった時に、どのような工夫をされていますか？　さっき言われたような、コミュニケーション力をつけるといった点などで」

「『生きる力』、といわれると、困るといえば困るんですけど。理科の授業で大事やと言っているのは、班で相談をするとか、いわゆる考察ですよね。実験であったり、こちらの質問に対する答えを、間違ってもいいから色々出せという。子どもは塾で習ったり、本で読んだりしている子が学力が高いですよね。その子らは、知っていることをポンと言うんですよね。『オームの法則！』とかって生徒が言うとね、『それ何やねん』て私はつっこむんですが。でも、意外と、勉強できない子で一生懸命考えている子が、『あ、こっちも大きくなったら、こっちも大きくなってる』とか、そういうひらめきみたいなのがあるでしょ、事実を見て。それが、引き出せるような質問を考えたり、班で相談させて、自信がないからよう言わない子も、班で相談したら、班の意見として出るから、間違った意見でも、ちょっとへんてこりんな意見でも出やすい。意外と、へんてこりんな意見が、ものすごくへんな時もあるけれども、『おっ、なかなかセンスがいいじゃない』って。言い方は不十分だけど、着眼点がいいじゃないっていうような答えもあるんでね。

そこからですね。知識じゃなくて、センスとか、ひらめきとか、要するにそうした科学的な発想を持った意見がぱっと出るように、出やすくなるような発問と、雰囲気をつくる。間違ってもいいから、自分で考えて言いなさいと言う。先読みして調べることも大事だけど、この質問は調べたらだめっていう。黒板を見て、そこに書いてることと、自分との生活の中で経験したことをつなげて、言いなさいって言ってやる。だから、意外と勉強はできなくても、虫が好きとか、そんな子がよく知っていたり。そういう子が言いやすいように。昔よりはちょっと減っているかもしれないけど、家でお手伝いしてる子なんかは、理科でも意外と色々知っている子がおるんですね」

「例えばどんなものがありますか?」

「例えばね、何がこげやすいか、有機物とかいうてね、何がこげやすいかって言った時に、料理とかしてたら、砂糖はこげやすいとかね。それは、ぱっと出てくるんですね。で、なんでそんなこと知ってるんかって、そんなことまでつっこまないですけど。まあ、そういう子が活躍できるようにと。勉強できなくても経験で、経験があったら言ってもいいんだっていう雰囲気がないと、「有機物」って答えれる子だけが偉くなるようになるしね。知識は、知識でもちろん大前提で、大事なんですけれども、経験とひらめきと、これとこれとこれをつなげる力、実験結果と日常生活と、隣の子言うてることとと、つなげてぱっと言うとかね。それはまあ、簡単な論理的思考やと思うんですよ。それは、コミュニケーションとなんとなく一緒でしょ。この子の言うてることとと、あの子の言うてることとと、一緒やなあと思ってみたり、違うなあと思ってみたり。そういうことができるようにしています。いろんな意見を考えて出せるようにね。それは前任校で学んだことです。そういう子が活躍できる授業づくりっていうのが大事だということは、ずーっと言われてきていて。勉強できる子、点数高い子だけが楽しい授業じゃないようにねっていうことです」

「日常生活で持っている体験とかから意見を出せるようにするのは、どういう工夫があるんですか？」

「考察はね、実験の時の考察は、前にいっぱい数字を書かせて、これを見て気づくことはなんだというのを必ずやっています。それはまあ、日常生活とは直接関係ないんですけど。理科の第二分野（生物・地球・環境の領域）なんかはそういうのありますよね。こんなん誰でもやってるかもしれへんけど、露点の勉強とかね。コップに氷を入れたら、そこに露がつくとか、なんでやねんていう話をして、これと似たようなことは、他に何かというような質問をするんですよ。ほんだら（そうしたら）、まさに日常生活でね、車の窓につくとか、すき焼き食べた時にそこにだらだらついてるとか、お風呂とかね、それはまあ思いつきやから、そない思考力高めるわけじゃないけれども、やっぱり塾で勉強している子は、そういうことがあまり出てこない。もちろん学力高い子はすぐに何か思いつきますけれどね、意外な子がね、ぱっとええことを言ったりもするんですよ。ほんだら、その子らが、自分の意見がいいなあって言われたから、ちょっとうれしいから、授業に協力してくれます。その子らをはみ出して、邪魔する側にしてしまうと、聞いてないとか、よけいなことを言うとかね。例えばね、ものすごい簡単なしょうもない質問でも、そういうのに時間を割くんですよね。それを使って、次の飽和水蒸気量の話をする。この間、お風呂とかって言ってたやんかとかね。暑い日と寒い日と、どっちの方がどうとか。そういうことを言うて、冬と夏はどっちやとか言うてみたりして、次の授業につなげていく。十年ぐらい前にも、日常生活とつなげる理科の授業っていうの重視されましたが、その考え方ですね。

あと面白いから好きだというのが大前提ですね。嫌いになってしまったら、どんな勉強をしても入らない。面白くない、難しい、嫌いだというふうになったら、何を言っても聞いてくれないから、だから、『やったー、次、理科や』って楽しみにしてもらえるようにね。なんか持っていったりね、へんなことを言ったり。まあ、その面白さを、ちょっとでも、理科的な、科学的な面白さにする。昔よく、何か一つ必ず持っていけといわれていた、なんでもいいからと。教科書だけで教室に行くなと。小道具ですね。で、最初にあれ面白かったなあって思えたら、その後の三十分がしょうもなかっても、次、何をしてくれるかなって。だから、その時だけは見るんですよ。でも、後は全然聞いてないとかね（笑）。でも、中学校はすごく幅広いでしょ。すごい学力が高い子から、低い子まで、いるから、そういう低い子らをちょっとでも参加させたい、っていうのがまず一番です。で、後の子をどう伸ばすかは、二番目ですね。今は、高い子も伸ばさなあかんって言ってますけど……まあ難しいですね。絶対に置き去りになりますから。一時間の中で両方が面白かったと思えるように」

先生の言うてる話ってほんまやと思った

コミュニケーション力の育成を大切に考える中野先生は、多様な地域社会の人々と接する場を生み出す「総合」の時間の実施に積極的である。教科を教えず、「総合」専門の教師という分掌が設けられるのであれば、自分が是非その立場になりたいと言うほどである。

中野先生が考える「総合」の時間の利点の一つは、教師という立場とはまた違った角度から、地域の人々に話をしてもらえる点である。

「教師が言うとね、教師が言うてるなって、思っているふしがあるんですよ。例えば、修学旅行で、長崎に行くから原爆の話をしますでしょ。私らが聞いた話とか、本や資料を読んだ話をすると、『ふうん』ってかんじで。で、実際、長崎に行って、実際に体験した人に聞いたら、『先生の言うてる話ってほんまやと思った』って、感想に書いてありました。『ほんまやから言うてるんやないか』ってね（笑）。教師の言うてること、ほんまの話やと思ってないみたいでね。まあ、時々こっちもいいかげんなこと言うたりもするじゃないですか、勉強不足で。それか、勉強用、教育用の話やと思って聞いているのか。その感想を見て、『腹立つなー』って思いましたよ。やっぱり、生《なま》の話とか大事です。あと、ふだん馴れ合いがあるでしょ。知ってるじゃないですか、先生のこのへんはちょっといいかげんやとか。私のことを、生徒がね。ちょっと疑いの目で、ほんまかと思って見ているみたいなんで。そういう馴れ合いもあって、緊張感もないから。でも、他の人が来ると、緊張感もあるかもしれないですね。だから、本当の話だと思って聞いているのと、緊張して聞いているので、まあ、簡単に言うたら、行儀よう聞いてますね。そうなると、入り方が、吸収の仕方が増大しますね。そやから、いろんな人に来てもらう。こんな人の話なら聞けるっていうのは、生徒によって違うんですよね。若いにいちゃんの話やったら分かる子とか、おじいちゃん子やったら、おじいちゃんみたいなタイプの人の方が分かりやすいとかね。いろんな人に、全員には分からんくても、この子には響く。この人の話はこの子、この人の話はこの子、というふうにそういうチャンスをいっぱい与えてやれば、いろんな生徒に少しでも響く機会が増えるだろうと。私なんか、あんまり、時々、まれにしか響かないから（笑）。おもしろい話、笑わせる話をしたことは覚えているけど、大事な話をした時は覚えてない」

「いろんな人の話を聞いて、学んでいくということですね」

「そうですね。肌で、いろんな人とつながっているんだという、コミュニケーションを知らんうちにとっているんだということを肌で感じるんですよ、いろんな人が来たら。あんたら地域の人に見守られてるのよ、って言ったって分からないけど、出かけていって、ちょっと親切に声かけてもらったりとか、ちょっとずつの積み重ねで、さっき言ったコミュニケーション能力が広がるっていうかなあ。そういったことは、私らだけではでけへんことやなって思いますね。教師だけやったら限界があります」

すべての精力を学校教育に捧げないと、満足にはできないですね

「総合」に積極的である中野先生は、筆者が「アンケートによれば、中学校教師の中に『総合』の実施に消極的な人が多い」と話すと、その状況について次のように批判した。

「反対する人は、自分がするのんがいやなんだと思いますよ（笑）。私の想像ですけど。なんでかって言ったら、総合学習しようと思ったら、教師は理科の科目以外のこといっぱいしないといけないんですね。料理をしてみたり、講師の人を頼んでみたり、はたまた、歌を教えたり。大変なんですよ。自分が得意のこと以外のこともせなあかんから。子どもに作文を書かせなあかんし、壁新聞を書かせなあかんし、そんなんあたしは比較的得意やけど、苦手な人もいるでしょう。専門以外のことをかなり時間を割いて準備してやらなあかんから、用事が増えてしんどいですね。クラブもあって、教科もあって、担任もあって、そこに総合学習が次から次へと来るから、それが非常に必要だと思っているか、比較的得意であるか。ともかく、すべての精力を学校教育に捧げないと、満足にはできないですね。なんで理科の教師が、そんなことせなあかんねんと思うのは頷けますね。

だからといって、私は、いらない方に賛成じゃないんですね。する方に賛成なんですけど。色々理由つけているじゃないですか『授業時数が減っている』とか。そんなにいっぱい授業したって学力上がりませんわ（笑）。そんな面白くない授業したってね。そんなふうに思いますんでね。それよりは、もっと人間的な側面に授業時間を注ぐ

方が、社会に出た時に役に立つと思いますね。いじめが多いとか、不登校が多いとか、ニートが多いとか、殺人事件が多いとかっていうのは、今の授業では防げないと思います。必要だとは思うんだけれども、それで多忙になるのをどうにかしてくれと言いたいですね。そっちにも力を注げるようにしないと」

不登校増えるんちゃう、そんな勉強ばっかりやらされたら

「総合」の時間に「人間的な側面」の育成を期待する中野先生は、私が今回インタビューした教師の中では珍しく、教科の授業時数の減少に賛成だった。そんな発想もあるのかと、興味深い知見だった。次の中野先生の主張をもって本節の締めくくりとしたい。

「総合学習を減らして、教科指導増やしたとするでしょう、それがほんまに……プラスなのか。理科を四時間にして、テストばっかり覚えさせたり、ワークブックさせたりとかね、そういう時間も必要ですけど。今の不登校の半分は人間関係やけどね、半分は授業がいやなんですよね。勉強がいやなんです。まあ、面白くない授業やからかも分からないですけど。昨日校外学習で、本当にずっと引きこもりになっている子以外全員来たんですよ。ふだんは遅刻したり、欠席したりしている子も全員来たから、遊びはやっぱり好きですね。勉強はいやなんですね。じっと座ってて、先生に怒られたりね。でも授業を本当にたくさんさせて、ちゃんと学力が上がるんだろうか。私にとっては疑問ですけど。英語の先生とか、数学の先生とか、ドリルする時間を授業中にほしいと思っている先生にとっては、授業時間が増やせればいいのになと思っていると思いますが。でも、不登校増えるんちゃう？　そんな勉強ばっかりやらされたら。

教えられている先生によりますが、今も基礎的なことは教えられています。基礎学力を問題にする人は、高校行

けるようにいっぱい勉強させてほしい、ドリルをさせてほしいということやと思うんですよ。また、塾に頼っている部分もあるんですけど。私は、今は高校は比較的入りやすいと思うんですよ。子どもの数が減っているから。だから、変な言い方したら、どこかへ入れるんですよね、選り好みしなければね。でも入学しても、遅刻している子とか、欠席が多い子とか、学校のきまりに順応できない子は途中でやめていく。もちろん学力的についていけない子もたくさんいてると思うけど、でも半分くらいはそういう生活習慣とか、人間関係でやめていく。だから、入って卒業することだけが目的じゃないけれども、高校を卒業させようと思ったら、遅刻をなくすことが一番ですね。勉強させることではないんですね、簡単に言ったら。そっちの方を育成しないと、子どもは高校を卒業できない。で、結局学力高くって入学しても、先生と合わなくて、やめていく子も割におるから。辛抱することも大事ですけどね。やっぱり、コミュニケーションの力とか、社会に順応する力、いい意味でも、悪い意味でも順応する力をつけないといけないと思いますね」

山西先生（社会・四十代男性）

よくね、自分で物事の、課題を見つけて、とか、それができたら一番いいんですけど……課題を見つけさそうと思っても、どうやったら、子どもが課題を見つけられるのかなと……。

日々のことに追われてね……意識はしてるのですが、実践はしきれてないですね

社会科の山西先生は、調査当時四十六歳、現勤務校には務めて八年目であった。最初の勤務校が現在と同じ中学校で、その後、別の中学校に赴任後、「少年自然の家」という社会教育施設に一時期務めたこともある。サッカー部の顧問であり、どちらかというと教科の授業よりもそちらの方が大好きらしい。低い声でゆっくりとしゃべり、決して話し上手というかんじではない。

あらかじめ述べておくと、以下の山西先生の語りの内容は（大変失礼ながら）本書中のインタビューの中で、おそらく最も内容的に読みづらく、理解しにくいものである。それは、山西先生の中で「生きる力」と日常の授業実践との関係についての見解が未整理であったためで、筆者の質問に誠実に答えてくれたものの、語りの中で言い淀

む場面が多くあった。筆者が第一章で述べた「インタビューにおいて『生きる力』と自身の実践の関係についてよく考えていない自分の状況をありのままに話した、一人の教師」とはまさに山西先生のことである。しかし、実際「生きる力」をめぐる見解が未整理であったのは、他の教師も同様であった可能性もあり、それはインタビュー場面で即興的に「語り」をまとめる力、もしくはそうしようと思う意志があったかどうかの問題なのかもしれない。この点をどう考えるかで筆者が悩んだことは、既に第一章の調査方法の箇所で述べた通りである。

この読みづらさの点において、筆者は、山西先生の語りを本書に収めるべきかどうかかなり迷ったのだが、やはり入れさせてもらうことにした。その理由は次のとおりである。まず、（筆者も含めて）大多数の教師が「生きる力」と教育実践といった問題についての見解が未整理なのが現実であると考えられ、山西先生の語りを外すことは、その現実を無視することになり、本書がもつ研究結果としてのリアリティを大きく減らすことにつながる。その意味でいうと、山西先生は多数いる教師のいわば代弁者なのである。そしてもう一つ、本書ができるまでの分析過程で、筆者に最も大きなヒントと考える時間をくれた語りであり、筆者自身にとって大変重要であった。このような筆者の意図もふまえて、以下の山西先生の語りを読んで頂ければと思う。

「二〇〇二年度から学習指導要領の中で、『生きる力』が軸になっています。先生の中で『生きる力』という概念は、先生が指導をされたり授業を組み立てたりする中で重要なものとして意識されているでしょうか?」

「まあ、……今日なんかでも、一年生は人権フィールドワーク[★6]で校外に行ってね、町づくりをテーマに行ったんですけど。それなんかでも、正直ね、社会科の授業時間数が確保されておればね、もうちょっとそういうような、教科の内容を少し離れて、それ（町づくり）に関する全般的な話とかに持っていきたいなとは思うんですが。今、ちょうど一年生は地理を教えているところなんでね、そういうような話も展開していきたいなあとは思うんやけど。寄り道できる時間というのが、今の授業時間数の中でできていなくって、授業の合間合間に、余談、じゃないんですけど、話の中に織り込んでいくということはあるんですけどね。

で、まあ、『生きる力』に関してですが……『生きる力』の考え方ちゅうのが広くって、質問されても、正直言って、よう答えんのですけど、ちょうど僕が『少年自然の家』に行っていた時にね、九五年から九七年にかけてなんですけど、もうその時分から、あそこは土日に子ども会やなんやかやでいろんな団体が来るからね、そんなんで対応できるようにということで、その時分、よう勉強させられたんですよ。自然体験活動をもっとするべきだとか、奉仕活動をするべきだとか、この施設もそのためのもので、っていうような話をして。それで、まあ、三年間そういうことをして、現場に戻ってきて、まあ、社会科の中にそれを生かしてやっていきたいなっていうので、今いるんですけど……なかなか、日々のことに追われてね……意識はしてるのですが！　実践はしきれてないですね。はい」

「少年自然の家」での勤務中に、社会教育の側からの視点で研修を積まれたものの、そこで学んだことを今の授業に活かしきれていないことを反省されているようである。ただ、生きる力の育成という点に関して意識は持っているると言う。

どうやったら、子どもが課題を見つけられるのかなと

「『生きる力』に関しては、本当に意味が広いと思うんですけど、先生ご自身はどういう要素が、『生きる力』だ

★6　この中学校では、一年生の人権に関する学習の一環として、近隣の校区の町づくりの実践を見学に行く行事を行っている。

と思われますか?」

「うん。よくね、自分で物事の、課題を見つけて、とか、それができたら一番いいんですけど、……課題を見つけさそうと思っても、どうやったら、子どもが課題を見つけられるのかなと……。子どもらにしてみたら、考えられる人はいいんだろうけど、なかなかちょっとね。与えるばっかりじゃあかんねんけど、なんか、その側面からのサポートしながら、見つけて、進んでいけるように……していくのんが教師の役割と考えているんやけどね」

「子どもをいかに主体的にしていくかということですね」

「一方で、意欲や関心がなければできないし……。ただ、まあ、授業のことでいえば、意欲を持てるような、楽しく、興味・関心をひくようなもんじゃないと、なかなか、社会の授業なんかでも、寝てしまうとかね。『あー、しんどいなあ』と思うことがあるから、そういう時も時々あるんでしょうけれど、そういう(興味が持てるような)流れをつくっていかなあかんということですね」

生徒が自ら課題を見つけて、意欲的に学んでいくように進めていきたいと考えておられるが、実際、それは口で言うほど簡単ではないと山西先生は考えている。

「それから、やっぱり、なんか、困難なことがあってもね、机上の空論でなんか勉強していて、マニュアルの通りやったらできるけど、マニュアルがなかったらでけへんとか、そんなんやったら、世の中の流れは速いから、社会に対応しながら、困難を乗り切れるんかなあと。あと、もちろんね、友だちやら、いろんな人、家族の協力も得ながら、自分でも解決できるような力とか必要なんかなあと、そういうふうに考えることはありますね」

「人と協力しつつ困難をのりこえる力ということですか?」

「やっぱり、自分ひとりの力ではね、到底、社会の中で生きていけないからね」

「生きる力」ありきで考えていくと、お互いに難しいことがあるかなあと

「今の学習指導要領の中では、『生きる力』を育てていくことが、学校教育の、義務教育課程の大きな目標なんやと唱えられているわけなんですけど、そういう考えには、先生はご賛成ですか？」

「まあ、最終的にはそうなっているんでしょうけれど、『生きる力』を第一義というか、それありきで考えていくと、まあ、お互いに難しいことがあるかなあと。考え方には賛成なんですけど、これが『生きる力』なんやーというて意識してやることは難しいんちゃうかなと。そんなんなしで、伸ばしていったらええんちゃうかなあと」

「お互いに難しい」というのは、教師も生徒もどちらもという意味なのだと思われるが、それが難しいというのはどのあたりが難しいのか、今思えば尋ねるべきであったが、インタビュー時には踏み込んで尋ねることができなかった。山西先生は日常の授業においては「生きる力」という概念を特に念頭に置くことなく実践していけばよいという考えのように思えた。

教育雑誌の座談会に参加して

授業に関しては、「生きる力」という概念を「意識はしているが、実践はしていない」という山西先生だが、インタビューの流れ上、教科の授業実践において工夫していることについて尋ねた。すると、山西先生は、先日、ある教育雑誌の座談会に出席したことについてふれられ、そこで話された内容を元に語りだした。

「えっとですね。ちょっと話は脱線するかもしれないんですが、大阪府のね、『中学の広場』★7っていう研究雑誌があるんですけど、こんなんごらんになったことありますか？　それで、ちょうどこないだの平成十七年くらいから

ね、『生きる力』に関して、最近、大阪府は『確かな学力』っていうのをやかましく言うててね。この中学の広場では、前回、国語と社会と英語で、その中で、座談会っていうのがありまして」

「先生自身が参加されたのですか?」

「うん、参加せえって言われたんやけど、それともう一個、ついでやから、学校のことを紹介せえと言われて、書いたのもあるんです。それで、えっとね……社会科の実践のことで、今、うちの学校は『確かな学力向上のための学校づくり』という大阪府の研究指定を受けててね。ここ、四、五年うちの学校でやっているんですけど、基礎・基本の確実な習得ということを念頭にやっていて、そのために学ぶ楽しさっていうのもあるんですけど。まあいろいろ中学校で授業を公開したり、小学校に授業を公開したりもしているんです。そんなんで、小中連携っていうのも一つテーマとしてやっているんですけど、なかなかね、我々も小学校のことを知らんわけやし、先生の顔すらも知らん……。まあ、そういう話をしたのんと、あとね、社会科の話をここらへんでしたんですよ（雑誌をめくる）。まあ、社会科ね、どうしても板書が多いんですよ。黒板に書いてばっかりやったらね、眠たくなってくるから（笑）、今、地理を教えているからね。地図、白地図を使ったりね、通り一遍のことというたらそれまでやけど、とにかく、作業を取り入れたりすることが多いんです。今、なんか、プリントをね、つねにプリント学習しているわけやないんですけど、プリントを作ったりして課題に取り組むとかね、そんなことをしているんです。で、あと、公民、歴史になった時やったら、年表書かせたりね、あと……なかなか難しいのはね、やっぱり、時代背景が分かりにくいんですね。そういうことも考えながら、多角的に考えられるように。やっぱり、背景が分かれへんから、○○は何年って、そんなん丸暗記でもできるけれど、なんでこの時分にこうなったとかね、そういうことで疑問とか発見とか、そんなんできるようにというのは特に感じています。

で、もう一人参加されてた先生がいてね、その先生は、その、この人は大阪市の人やねんけど、あの……（授業研究に関しては）なんでもこの人っていうかんじの人やったんですけど、評価のね、あとでお話しすることかもしれないんですけど、評価をプリントごとにやってね、僕もほんまはそうやりたいんやけど、なかなか時間なくてできへんのやけど、ワークシートをつくって、最後に、プリントをその授業ごとに回収してね、その点で評価をしていく、まあいうたら、形成的評価というのでね、積み重ねていくという、そういうやり方をやられてて、『なるほど』と思ったんです。そやけど、僕の場合、どうもね、しゃべることが多くなってね、いらんこともしゃべってしまうからね、時間がなかなかとれないから、大変なんですけどね。だから、工夫と言われてもね、なかなか、通り一遍のことしか僕の場合してないんですけどね。まあ、そういうことです」

「でも、まあ、作業をさせるということですね」

「作業させることが多いですね。本当であれば、校外に行くとか、いろんなことができればええんやけど、クラス単位になったりするから、ほんまやったら、時間割を調整してね、学年いっぺんにボンと行けるようにするとか、学校によってはね、そういうふうにされているところもあるかもしれへんけど、なかなか、うちのように大規模校になってくるとね、さあ、行くぞっていっても、むずかしいですね」

「作業をさせるということに関してはほかにどんなことがありますか?」

「ワークシートのほかには、白地図に色を塗らせるとか……あと、歴史の時とかはね、歴史新聞を書かせたりすることもありますね。最近この『歴史新聞』をつくったりしようというのがあるんですけど、まあ、これも、授業

★7　大阪府公立中学校教育研究会という大阪府の教職員の団体が出している教育雑誌。大阪府内各学校の教育実践の紹介や教師によるテーマを決めての座談会の内容などが掲載されている。

時間の中でやることもあるんやけど、長期休暇とか、夏休みの課題にする時もあるし」

「そのトピックはどうやって?」

「トピックはね、今まで学習した歴史上の人物の中からとか、あと、わりとこちらからこれせえとか言うんじゃなくって、こっちから見本を見せたりはするんですけど、結構、そんなにせんでも、(生徒らが自分で)考えてきます。それで、資料をもとに調べて、あ、こんなんあったんやという、エピソードみたいなのをね。だからこっちも勉強になります。あとは、遺跡とか、お寺とか、そういうものを調べるよう課題を出した時があって、そんな時でも、特に、例題は出すんですけど、このへんにある神社とかお寺とか調べてみたり、写真をとってきたり、話を聞いてきたり、こんなんは授業中ではできないので、長期休暇中の課題になってしまいますけどね。まあ、時間を見つけて、それを学期の授業の中で生かせる部分もある、そんな時もあるんですけどね」

一年ではスキル学習・二年では職業体験

「もう一つ総合学習の方なんですけれども、子供の『生きる力』の育成ということで、やっぱり、各学年でいろいろテーマがあって、取り組まれていると思いますが。特に、総合学習の中で、子供の生きる力の育成ということで、取り組ませていることはありますか?」

「一年生はまあ、『スキル学習』っていうことでね、いろんな技術を勉強しているんやけれども、話す力であるとか、聞く……態度であるとか、そんなこととか、あとは、発表する。最初は、最近いわれてますように、調べ学習、インターネット使うとか、図書館に行って本とかで調べたりとか、最近もいっぺんやってみたんですけど、図書室の本なんかで一生懸命やるんですけど、なかなか見つけ方としてね、『あー、これや』となかなかタイムリーに見つけられへんことが多くて、でも、いまどきの人って小学校からインターネット使ってて、わりと自分で調べられるんです。ただ、レポートの宿題なんかでも、インターネットでどっかからそのまま写してきたような、そんなのもあったりとかね。そういうのは一発で分かるけどね、そういう調べる能力っちゅうのはあると思うんです。調べて、まとめるとかね、そういうのは結構、上手にできてるんちゃうかなあって思うんですけど。ただ、発表、プレゼンテーションの段になってくると、なかなか自分のものになってへんとこもあるんかもしれへんけど、なってたとしても、なかなか思うように説明することは難しいというか、そのへんが課題として残ってるかもしれへんけどね。

まあ、そういうところを一年生で育てておいて、二年生では主に職業体験になってきますね。それは、今後、キャリア教育という視点でさらに必要になっていくかも分からへんけど、今は二年生で二日間職業体験してるっていうかんじでね、働くことの厳しさであるとか、喜びであるとか、そういうこと勉強してますね。そういうことをやってるんですけどね」

「職業体験とかですと、地域の中に出ていって、仕事をさせてもらって、地域の人とふれあう機会っていうのはたくさんあると思うんですけど。そういう地域の人とのふれあいに関して、子供の『生きる力』の育成という点で、期待する面っていうのはありますでしょうか？」

「うーん。結構ね、うち生徒数多いから、受け入れてくれる事業が五十か六十くらいあったと思うんやけど、結構、お褒めの言葉を頂くことも多いんですけど、中にはね、もう困るなあ、っていうような、そんなんもあるんですよ。例えば、あるホテルに行かしてもらうことがあってね、生徒は、接客の仕事かなと思って、狙っていくんですけれども、なかなか、そんなん、接客とかできへんから、窓拭きとかそういうことから始まるんですって。まあ、他の事業所なんかもだいたいそうらしいねんけど、家でもね、掃除とかお手伝いしている子やったらまだええけど、なかなか、家でもそんなんめんどくさくてせえへんのに、今日は一日こんなんばっかりで、手は痛いわ、腰は痛いわって言うてね。やっぱり、忍耐力っていうか、そういうのがなかったりするからね。

話はちょっと飛びますけどね、授業中なんかででも、五十分やけど、結局テレビなんかでも、五十分のドラマの中で、途中コマーシャルとかが入ってね。生徒もなかなか五十分の授業が維持できない。集中して勉強する時もあるねんけど、それはまあ、我々の責任でもあるけれども、授業の中ででけへんということやね。なんでも頑張って継続できるとか、忍耐とかね、忍耐というか、継続ですかね、そういうところらへんをもっと育ててもらったらええんかなと。あとは、挨拶であるとか、うちらの子らでも言うんですけどね、なかなか、恥ずかしいっていうのもあったりするから」

「ちゃんと挨拶してコミュニケーションをとるというか」

「コミュニケーション能力とか、そういうのも育てていく必要があるんかなあと思って。まあ、わずか二日間の体験やからね、その仕事のすべてが分かるとかそういうわけではないんやろうけど、少しでもね、そういう仕事の力がついたらとか思うねんけどね」

関心・意欲・態度の評価について

「教科のことに戻りますが、観点別の評価というのがあります。子どもの意欲・関心・態度を評価するというのがありますが、これについて、実際どのように評価されていますか？」

「社会科は四つ観点があるんですよ。今までとあんまり変わってないって言うたら変わってないんやけど、それをちゃんと四つに区分してくれたというだけのことなんですけれどね。うちの学校では、『知識・理解』っていう部分で三分の二とっているんです。あとの三分の一で、関心・意欲とか。もう一つ、資料を読み取る力っていうのがありますわ。関心・意欲、態度に関してはね、いろいろ提出物とかね、ノートとかで見ていますけれど、きちっとまじめにね、取り組んでいるか、とか。そんなんは見たら分かるし、あと期日を守ってちゃんと提出できてるかとかね。そういうふうなことなんです。まあ、先生とかによってはね、態度っていう部分でね、生徒が斜に構えて、横柄にね、そういうやつはあんまりいませんけどね、時々、生徒もその時の気分でね、そういう態度になる時もあるんかもしれへんけど、そういう時にマイナス一とかね、そういうふうにつけはる先生も中にはいてはるかもしれへんけどね。僕は、そこはね、あまり評価の対象には入れないんです。っていうのは、その、ある意味、教師サイドにも問題があるんかなあとか思うし、怖い先生だと、生徒もピシっとなってね、逆に生徒も発話が少なくなるとか、それをよしとするのかっていうそういうことになるから。だから、あまり評価には入れたくないなあっていうところですね。だから、主には、プリントとかレポートとか、歴史新聞であるとか、そういうものにどれだけ取り組んでいるかという、そういうところで、意欲・関心を評価していますね。やっぱり、まじめに取り組んでいるということで、そんなんで見ることができるんじゃないかと思います」

「総合」の取り組みに対する確固としたものがちょっと欠如している部分がある

続いて、中学校の教師の中に、「体験だけに終わっていて、子どもの能力を伸ばすことにつながっていない」、「教科学習の時間が『総合』にさかれて、基礎・基本の力の定着が不十分になる」等の理由で、「総合」に対する反対が多いことについて話し、それについてどう考えるか山西先生に尋ねると、次のような回答が返ってきた。

「うん、あの、ぶっちゃけて言うとね、『総合』自体が悪いとか、そんな考えはないんですけど、やっぱり特に社会科やから、教科の授業時数ですね、それの確保っていうのがやりくり難しいんですよ。ちょうど今は、週五日の中で三時間ですが、昔だったら週四時間でやっていて、当然まあ、教科書自体も少しは薄くなっていて、『あ、こんなんも教えなくてええんや』っていうのが結構あるんですけれど。それでもね、その内容が減った分よりも、授業時数が減ったようなかんじはするんです。だから、正直に言うと、教科の時間数がもう少し保障されてもええんちゃうかなあって考えはあるんですけど。まあね、『総合的な学習の時間』をもっと有効に使えたら、我々ももっと総合学習のことについて勉強して、もうちょっと我々がもっとそういうスキルを勉強してやれたら、『総合』自体ももっと生きてきて、子どもらにとってももっといい形にできていくかなあとは思うんやけど。いかに『総合』が子どもらに考えさせてるんやとは言うても、やっぱり、我々がそういう部分をちゃんとしてなかったら、子どもらも敏感やから、『先生、この時間、何してええんか分からへん』とか、なんか、そういうのもあると思うんで。

だから、そのへんのジレンマで中学校の教師というのは、教科のことを確保したいっていうのもあって、基礎・基本の部分も、『確かな学力』で、教えていかなければならないし、それを言うと『基礎・基本や、基礎・基本や』っていうて、社会ではあんまりないんやけど、習熟度別やなんやかんやとか、そういう考え方にもなってくるんやけど。

しかし、正直言うと、僕も含めて、総合学習の取り組みに対する確固としたものがちょっと不足というか、欠如している部分があるかなあっていうのがあって。だから、そういう部分を我々が勉強できたら、『総合』の時間も、子どもらにとってすごく有益なものになるかなと、まあ、僕個人の考え方やけど、そう思ったりしますね」

「でも、別に、なくした方がいいとは思っておられないわけですよね」

「なくしてしまうというところまではいけへんけど、でも、まあね、そういったジレンマがあるんです」

山西先生の言うジレンマというのは整理すると次のようになるだろう。現行の指導要領下では、教える内容に比して、それを教える時数が少ないという状況に苦しんでいること、それゆえ、時数削減を生み出した「総合」を批判する教師の気持ちは分からないでもない、と山西先生は考えている。一方で、その分「総合」でよりよい学習活動を生み出すことで、生徒の色々な力を伸ばせればよいのだが、その方法や考え方について山西先生たちは十分知っているわけではなく、「総合」を有益なものにできていないという現状がある。

「総合」と社会の関連づけ

「体験だけに終わっているという批判に関してはどうですか?」

「やっぱり、いろんな人の話を聞くとかね、今日なんかでも、(フィールドワークで)お寺に行って短時間やけど色々お話を聞いて、やっぱり、それなりに勉強にもなるんやけど。でも、それを上手に次につながるように、行き当たりばったりのことをしているわけではないんやけど、そのへんのところがどうなんやろうなあって思うことがありますわね。結局、その、準備段階と本番があって、まとめがあって、一時間、二時間ではなくて、結構長い時間費やして、残るもんがたいしたもんやなかったら、一体何なのだろうって、そういう考え方になってしまうけど。だから、他の教科との絡みで、これを勉強したから、社会でこの前やったなあってつながるとか、理科的なものにでもつながるとか、そんなふうにできたらええと思うけどね。それが上手にできているところは有益かなあと思いますね」

「社会とかの方が関連づけはしやすいんじゃないですか?」

「まだ、できますね」

「数学とか英語とかよりも。教科によっては難しいと思いますが。そのことに関して伺いたいのですが、総合学習と基礎教科との関連づけというのが学習指導要領の中でも期待されているのですが、実際、そのような取り組みはありますでしょうか？」

「なかなか言いにくいですね。まあ歴史などでね、まあ、身分制の問題が出てくる時に、そういうところで、人権教育っていうんですかね、学校の社会の歴史の授業でやったことと、社会の教師が説明することなんやけど、担任がもっとその部分を掘り下げてやるということはありますね。そういう場合はありますね。地理やら公民やらになってくると、なかなか、難しいですね」

「例えば、地理や歴史とうまく『総合』を絡めて企画するとすれば、どんなことができると思いますか？」

「まあ、地理やったら、校外に出てね、身近な地域調査っていうかな。身近な地域調査っていう項目があるから、まあ、その中で色々とね、人とのふれあい、聞き取り調査とか、それこそ、A市の農業について調べようとかね、A市の工業についてしらべようとか、そういったことはできんことはないですね。でも、クラス単位では、一時間の中で行って帰ってくるなんていうことはできませんからね。まあ、学校の近所の農家の人に話を聞くとか、そんなことなら可能かもしれへんけど、四十人で一緒に行くっていうことになると、いくつかの班に分かれていろんなところに行って、できたらええけど。かといって、僕一人で行ってて、一つの班やったら見れるけど、他の班に関しては、車道の横断とかもチェックでけへんし、車にひかれたりしたりなんてこともあるかもしれへんからね。そういう点でも難しいですね。まあ地理とかやったら、そんなかんじでできるんちゃうかな。

あるいは、まあ、歴史と絡めるということで言うたら、それこそお寺とかね、そういう所に行ってね、由来とかについて色々話をきくなんていうこともできるやろうし」

基礎・基本のことを多くやっていこうという考え方はある

「最後に、中学校の先生に期待されている一つのこととして、生徒を高校受験に向けて準備させていく大きな役割がありますが、そういうのを考えた時に、やっぱり受験準備ということと、『生きる力』を育てるということの関係について、どう思いますか？」

「やっぱりね、小学校と中学校の違いというのはあると思います。小学校にとっても、中学受験なんていうのもありますが、それは一部ですから、そういうことをあまり意識せずに、総合学習もそういう学習ができて、『生きる力』の育成に向けた展開というのもできると思うんですけど、なかなか中学校ではね、特に三年生になってくると、受験というのを念頭に入れざるを得ないというのがあるから。でも、この学校では、わりと総合学習の時間をきちんと確保しているからね。例えば、時間足れへんからって、この『総合』の時間削ってね、他の授業に使ったりとかね。あるいは、金曜なら金曜の『総合』の時間があったとして、もう今週は金曜の時間割はなしにして、木曜の時間割りでやるとかね。そういうふうにしたら、『総合』の時間削れることになるけど、そんなことは一切していないから、やっぱり、『総合』は『総合』の時間できっちりとやっているからね。バランスはね、それがええかどうか分からへんけど、保っているとは思うんですけどね。ただ、どうしてもやっぱり、基礎・基本のことを多くやっていこうという考え方はあると思うんですね」

谷岡先生（社会・四十代男性）

私の考える生きる力というのは、具体的に言えば、東京に何かの都合で、ぽんとひとり置かれて、なんとか自分で大阪まで帰ってくる、そういう力。

当時、このインタビューのための短期の日本滞在の終わり頃に、谷岡先生のインタビューを予定していた。しかし、学校に到着したものの、三十分、四十分と校長室で待たされた。インタビュー後、私は別の場所で予定があったので大変に焦った。ようやくあらわれた谷岡先生は、「生徒指導の案件がありましてね」と笑顔でやってきた。ようやくインタビューが始められると筆者は喜び、席につかれた先生にインタビューの趣旨と流れを説明したが、残念なことに録音することを断られた。録音された内容がどう利用されるか分からない、というのが先生の方の理由だった。録音を拒否する権利についても口頭で伝えてはいたものの、実際に録音できないとなると大変困ったので、かなり粘ってお願いしてみたが、録音は許可されなかった。仕方なくインタビューの内容をすべてメモさせてもらうことにした。他の教師のインタビューと異なり、質問とメモ取りに集中し、ほとんど余裕がなかった。以下の内容は、自宅に戻ってから、そのメモをできる限り話された会話のように書き起こしたものである。

調査当時は、この録音拒否を大変悔しく思った筆者だが、今、およそ五年教師として勤めて、谷岡先生の録音に対する強い警戒感は理解できるようになった。生徒指導担当（正式には子ども支援コーディネーターという）という立場上、学校を取り巻く生徒や保護者、地域とのあらゆるトラブルの可能性を常に想定していたであろうし、近年では、クレームを言いに学校に訪れる人がICレコーダーなどを携帯して、学校とのやりとりの一部始終を録音するというケースもある。リスクマネジメント上、確固とした信頼が確認されない限りは、容易に録音を許可しない方が安全であると考えられたのかもしれない。ちなみに、二度目にインタビューに訪れた際は、谷岡先生は筆者とのインタビューに安心感を持たれたのか、録音に応じてくれた。

新しい指導要領になって、一人ひとりの生徒の居場所が確認しにくくなった

「今、自分はこの学校に来て十一年目です。C市の中では、三つの学校につとめてきて、教師を始めてからは、たぶん、二十一年目ぐらいになるかなあ。現在は四十六歳です。ここ三年ぐらいは学校の生徒指導主事ということで仕事してますから、生徒が問題行動を起こした時に、話をしたり、親に会って説明したり。時には、警察に行って、生徒の身柄を引き受けたり、あるいは、家庭裁判所に行ったり。そういうことが自分のメインの仕事です。で、今は、三年生の社会の授業を一つ教えているだけで、ずいぶん教科を教える身からは離れていたので、実際には新しい指導要領に基づいた指導には、それほど詳しいとは言えませんね。

生徒指導の立場から言って、新学習指導要領になってから大きく変わったことと言いますと、生徒がばらばらになって活動する機会が増えた。一斉授業の場合やったら、ある教室なり、運動場に行けば、そのクラスの全員の生徒がいる。しかし、選択教科なんかでいけば、学年の子どもが違った授業をとって、学習する場所も学校の中だけ

とは限らないから、例えば地域でやることもあるから、一人ひとりの生徒の居場所の確認がしにくいというのがあり、自分としては困ってますね（笑）」

指導要領の変化で、「生徒の居場所が確認しにくくなった」という反応は、生徒指導担当の先生ならではの意見であると興味深く思った。

なんとか大阪まで一人で戻ってくる力

ここまでお話を伺った後、本題である「生きる力」の捉え方について話を進めた。

「『生きる力』を学校の中で、子どもにつけさすというのは基本的に必要やと思います。最近の子どもは、クラスの中で、本当にじっとしていて、分からんことがあったり、困ったことがあっても自分で尋ねようとはしない。色々なクラスの活動の中でも、自分から意見を出して、動くということがない。こちらが指示を出すまで、じっとしているんですね。そういう指示待ちの状態やったら、いざ社会に出たら、通用しない。私の考える生きる力というのは（笑）、具体的に言えば、東京に何かの都合で、ぽんとひとり置かれたとする。なんとか自分で大阪まで帰ってこなあかん。今のあの子らやったら、きっと、誰かが助けてくれるまで、じっと待ってるんちゃうかな。それやったらあかん。途中で、周りの人に道を聞いたり、時には、途中でアルバイトしてお金稼いだり、いろんな交通手段を使って、なんとか大阪まで帰ってこれる、そういう力」

「本当に、生き抜く力というかんじがしますね」

「あるいは、外国にひとり置かれて、ぜんぜん言葉が分からなくても、一生懸命ボディランゲージなんかを使ったりして、現地の人となんとかコミュニケーションをとってね、なんとか帰って来れるようになるとかね。そういう力が『生きる力』やと思ってる」

「なるほど。主に、生活の側面でとらえているわけですね」

「そうですね。だから、生きる力を育てるというのは、たしかにせなあかんことやと思いますよ」

「実際、学校の活動の中で何ができるかですが」

「そうやね。現実には、かなり無理があるね。一斉授業で、じっと座って聞いているのと違って、最近の取り組みの中では、自分で考えて、自分の意志で動いていかなあかんという側面はあるが、それでも、取り組みとしてはまだ十分とは言えないですね」。

入試で評価されない「総合」

「どういう取り組みが『生きる力』を育てると思いますか?」

「例えば、社会の選択の授業なんかでは、子どもに一生懸命火をつけさせたりというのをしたことがありますね。木とか、道具だけをつかって火をつけさせる。頑張ってもなかなか火がつかへんから、一時間も二時間もかかるし、その間生徒も色々工夫する。火種として、おがくずを使ったりとかね。そういうふうにして、原始人がどういうふうにして火をつけるにいたったたか、原始人の気持ちになって考えてみようというものです。あるいは、土器を作ろうというのもある。粘土を練って、長細くしたのを、巻いて重ねていって作ったのを焼いてみる。でも、なかなかうまくいかないから、試行錯誤して、色々作り方を考えてみる。そうやって、縄文人や弥生人の身になって考えてみようというのもやりました」

これらの例は、すべて過去の実践で、調査当時時点で谷岡先生が実際にそれらを実践していたわけではない。ただ、こうした例が示すように、谷岡先生は、生徒が活動に参加しながら、社会で扱う題材に対して、生徒が興味を持てるような活動を取り入れていくことには一定の関心は持っていたと言える。

一方で、谷岡先生が指摘したのは、そうした「総合」を中心とした学習活動とその成果が、他の教科と異なり、少なくとも高校入試に反映されないものだということだ。

「けれど、実際そういうのんして、いったいどうするん、ていう声もあります。熱心でない生徒もいる。なぜならば、入試では、九科目の成績が反映されるけれども、『総合』や選択は反映されない。『総合』や選択で悪い成績をとろうが、生徒の入試にも反映されないから、保護者もAついてようが、Cついてようが関係ないわけです」

「それらの授業の頑張りは、内申書でも、まったく反映されないのですか?」

「ええ、まったく反映されないですね。まあ、成績の所見の欄に教師がそういう活動について書くことはあるでしょう。でも、たいして影響はない。例えば、高校の先生が、入試の時、テストの点も学校での成績もほぼ同レベルの人がいて、判断しにくい時があったとする。その時に、所見を見て、あ、この子はボランティア活動を頑張ってたみたいやから合格にしようか、というのはあり得るかもしれません。でも、そういう記述は、入試の際には、三次的、四次的な位置づけにしかすぎません。めったに利用されない」

このように「生きる力」を育てる場として総合をつくったというのであれば、それを高校入試でも評価されるようにするべきだというのが谷岡先生の意見である。

また、同様に指導要領の改訂によって変わった点として、観点別評価についても話された。

「子どもの意欲とか関心も評価せなあかんから、先生が子どもの発言回数をチェックしたり、提出した物を事細かくチェックしたりと、仕事が増えた。中には、教卓の隅に、小さい名簿置いて、生徒の発言回数を、『正』という字を書いて、いちいちチェックしている先生もいます。そういう意味で、評価するのが大変になりましたね」

評価するのが大変だという以外にも、意欲・関心の評価方法には問題があるのではと谷岡先生は言う。

「評価の問題で言うと、意欲や関心の評価も難しいですね。例えば、発言回数なんかでいえば、確かにクラスの中で、数多く手をあげて発言した方が有利です。でも、意欲はあるし、勉強好きやけど、内向的で、おとなしくてそのようにしない場合もあるでしょう。そういう子を、例えば、意欲が低いというふうに評価したりすれば、保護者から『うちの子はこういうおとなしい子なんです。そういう子を、意欲が低いと判断するんですか』とクレームが来るかもしれへん。結局、性格が外向的か内向的か、なんていう話になるのかということになる。だから、客観的な評価が非常に難しい」

ほんまに、無駄話なんて、やっているひまのない状態

谷岡先生の話は社会科の授業のことに及ぶ。先の山西先生も述べていたように、週の授業時数が減ったことで、授業の中でほとんど寄り道ができない状況であると谷岡先生は言う。

「我々の社会の授業で言えば、かつては週四回でやっていたことを、週三回でやらなあかんことになった。つまり四分の一授業時数が削られた状態で、教えることもある程度限定しなければならないことになる。ほんまに、無駄話なんて、やっているひまのない状態です。これは、小学校でも一緒みたいで、そうしたことで、例えば、都道府県の位置すら分からへん子どもが増えてきている。福井県どこにあるかを知らんとかね。あるいは、フランスどこにあるかと聞かれて、ふつうに南米あたりを指す子もおる。

中学校の地理では、教えなあかん内容として、日本であれば三つの府県、世界では三つの国を教えればいいとい

うことになっています」

「三つの地域ではなく、三つの国ですか?」

「そう、国を三つ。そういう絞った場所について詳しく教える、というふうにしていると、極端な話、高校に入っても個々の都道府県の位置すら分かっていない子がおる可能性はあるね。そういうのは非常に問題やと思う」

話題を再び、「生きる力」の方に戻した。「生きる力」の育成は大事だと考えるかどうかを尋ねた。

「それは大事やと思うけど、基礎的な知識が欠いていてはどうしようもない。また、実際、『総合』や選択なんかで、そういう生きる力なんかをつけていく取り組みは、それは大事やとは思う。しかし、我々もまだ十分にそのための良い方法を学んでへんし、それを議論するための時間も限られている。もしそういうことを本当にやろうと思ったら、それをしっかり定着させる人の配置が欠かせないのではないかと思う。

この学校は落ち着いているからまだましやけど、これが授業が崩壊しているようなところやったらより難しいやろうと思う。そういう学校は大阪府下でも結構たくさんありますよ。基礎の教科にしても、例えば、廊下に出ている生徒をいちいち声かけて集めてきて、礼をさせて、授業が始まるまでに十五分もかかってしまうようなところやったら、まず限られた時間の中で授業が進まない。『総合』や選択にしても、子どもがよけいにばらばらになって、まとまらへんやろうし。とにかく大変やと思う」

確かに、この指摘はあたっているかもしれない。筆者自身も、本研究後に行った「総合」に関する事例研究において、「総合」の時間にクラスから抜け出した生徒を教師が手分けして捜し回っている姿をある学校でよく目にした。

職業体験——礼儀作法の勉強にはなっているかな

「総合」の時間にはどういうことをしているかも尋ねた。

「全体としては、共生というテーマでやっている。僕は三年生の担当やからあんまり知らんけど、一年生では、主に異文化理解というのが課題。校区に住む外国人を招いて、色々と聞き取りをしたり、その下準備で外国について色々調べたり、聞き取り学習などをやって、取り組みの終わりには、壁新聞を作ったりして、まとめて発表する。二年生では、職業体験学習がメインやね。三日間、生徒が希望したところで、働かせてもらってくる。なにぶん大規模校で学年に二百人ほども生徒がいるから、こっちが受け入れてくれるお店とかを、夏休みなんかに一生懸命開拓して、お願いに行って、受け入れ先を決める。七十くらいあるんとちゃうかな。これはほんまに大変でした。個々の先生が担当の地区を割り当てられて、一つひとつ事業所をあたっていくわけです。ほんまに骨が折れました」

「それは大変ですね。実施期間中はどうですか?」

「子どもの働いている職場を見回ったり、写真撮ったりなど色々あります。でも、準備の段階の方がはるかに大変でしたね。とにかく、子どもが自分の意志で自分の行きたいところを選んで、自分で事業所の人に電話をかけてお願いして、自分の意志を伝えて、受け入れて貰う。そうやって、自分の意志でやることが大事やね。そして、色々なところで、それぞれの生徒が働かせてもらう。自分のほんまにやりたい職種やったらええけど、そうじゃないこともあるからね。ホテルなんかに行って、一日中、窓拭きとかね。だからといって、『いやや、おれもうやめる』とは言われへん。最後までやり通さなければならない。そういうところで、礼儀作法を学ぶと同時に、しんどくてもやり通す力をつけてほしいですね」

「職業体験では、他にどんなことを学んでほしいと期待していますか?」

「まあ、マクドナルドなんかに行って、接客の言葉なんかを学んだりしたって、どんな意味があるんやろうとは思うけど。でも、一緒に働いている人や、お店であればお客さんとか、人とどう接していくかというところでは、色々学ばされることが多いとは思いますよ。例えば、スーパーなんかで働いていても、言葉遣いなんかが悪かったら、職場の人やお客さんから注意されたりもするわけですから。礼儀作法の勉強にはなっているんじゃないかと思います。実際、職業体験から帰ってくると、短い期間ではありますけど、生徒もちょっとは態度がましになっていると思いますよ。

それから、自分の職業を選ぶにあたって、動機づけになることも結構あると思う。例えば、消防署に行った子らは、実際、難しい仕事はさせてはもらえず、ひたすら署内で訓練をさせられるんやけどね。ホース持って、消火の訓練とか。そういう子らに後で聞いたら、『おれ、やっぱり消防隊員になりたいと思った』って言う子はいますからね。あと、保育所に行った子とかもね。中二の職業体験で、保育を選んだ子らが、高校の保育科を自ら選んで進学したというケースも結構あるしね。そういう意味では、自分の将来の職業を選ぶ際の、動機づけになる場合もあると思う。ただ、スーパーなどを選んで、一日中販売の仕事をして、『おれ、スーパーで働きたい』言うような子は今のところおらんけどね」

「三年生では『総合』でどんなことをしていますか?」

「三年は、修学旅行にあわせた平和学習を主にやっています。最近は、春に沖縄に行きますが、それを前にして、戦争のことなど色々下調べをして、沖縄のこと自体も色々調べて、それから現地に行って、戦争の体験を聞いたりもする。もちろん、海で遊んだりとか、普通の活動もありますけどね。そういうふうに、戦争のこと、平和のことについて学んで、最後には壁新聞にまとめたりとか、発表をする」

「三年生になると、生徒の進路に関する学習に大きな時間を取りますが」

「進路学習っていうのは、『総合』とは別にとってやります。主に学活の時間なんかを使って、入試のこととか、学校の選び方なんかを、先生が説明します。以前は、進路担当の専門の先生がいて、もっと事細かにそういう進路学習をしてました。例えば、インターネットなんかを使って、子どもに個々の学校について色々と調べさせるとかね。特に、私学は個性のある学校が多いですから。でも、そういう進路担当の先生が、府の予算のカットで配置できなくなって、あとは個々のクラスでそれぞれやるようになり、以前ほど事細かくはやらないようになりました」

体験で得たことが評価される仕組みになっていない

中学校の教師の中に、「体験だけに終わっていて、子どもの能力を伸ばすことにつながっていない」、「教科学習の時間が『総合』にさかれて、基礎・基本の力の定着が不十分になる」などの理由で、「総合」に対する反対が多いことについて紹介すると、次のような反応を返してくれた。

「さっき言われたような批判は、頷ける部分もあります。『生きる力』をつけさすということは確かに大事やと思うし、そのために今までの教科の勉強の中ではできないことを、総合学習や選択でやるというのも理解できる。例えば、職業体験みたいに。『総合』は『総合』で意味があるし、なくしたらええとは思わない。でも、もっと子どもがそういう力をちゃんとつけれるようにするためには、そういった新しいタイプの授業をちゃんとまとめられる人の配置が必要なんじゃないかな。今、すでに手一杯のところに、そういう新しいものをもってこられても、負担が大きいですし、十分に議論する時間がとれないです。僕らがそういった授業の意味と方法を学んで、取り組みを充実させるには、それを調整する人がいるんじゃないかと思う。

一方で、『総合』そのものは、色々な活動のつじつま合わせにも使われています。例えば、共生という大きいテーマを設定しているから、逆にやりやすいんやろうけど、子どもを合唱コンクールに連れて行ったり、体育祭をやったり、何か問題が起こった時にある先生に頼んで、『ちょっと体育館にみんな呼んで話しましょう。○○先生、こういうことをちょっと話してくれへんかな』っていうような場合に、『総合』の時間を使ったりね。実際、このへんの学校では、割とそういう『総合』の使い方をやっている。つまり、表向きの年間スケジュールでは、あるテーマに即した学習内容を出しておきつつ、その時間を行事の時間に読み替えて使ったりとかね」

一方で、中学校現場で「総合」の実施に対して消極的である理由の一つとして、「『総合』が体験だけに終わっている」ということについて、谷岡先生は次のようにコメントした。

「『体験だけに終わっている』という言い方がありますけど、それはまあタテマエもあると思うんです。現実には、体験で得たことは、評価される仕組みになっていないというのがありますね。少なくとも、大阪府の現行の入試システムではそうです。例えば、入試問題なんかで、総合学習の中で、自分がやったことについて論文を書きなさい、なんていう問題があったら、総合学習の体験も重要性を持ってくるし、もっと真剣に取り組まなければならないでしょう。しかし、実際には、総合学習は、試験問題はもとより、学校の成績の中でも大きな判断材料にはならない。つまり、新しい科目を取り入れて、入り口は変えたけれども、出口はまったく変わっていない。従来と同じ評価の仕方。そういう新しい学力観を取り入れて、そのための教科も入れたのであれば、それを正当に評価する仕組みをつくれと僕は言いたい。

数学や英語なんかに比べて、評価が難しいっていうのもあるかもしれません。ペーパーテストの点数で客観的につけれるというのではないですから。しかし、教師自身も、基礎教科の点数をつけるのと、総合学習の評価をつけるのとでは、かなり気分が違っています。基礎教科の点数をつけるのは、より慎重になります。というのも、入試の判定に関わってくる基礎教科では、評価の細かい点にまで保護者の目が光っているし、先生の点数のつけ方に問題があると思えば、『なんでうちの子どもの数学の点数は、テストではええ点数とってるのに、低めにつけられてるんですか?』と教師に文句をつけにくる親だっている。だから、そういった場合も見越して、教師は自分のつけた評価について、保護者に納得のいく説明ができるよう、例えば、『テストの点数はよかったけど、子どもの提出物いくつか出してないものがあって、そういう評価にしています』と用意をしておく必要がある」

「要するに、教師の側に説明責任が問われるということですね」

「そうですね。きちんと説明ができなあかん。けれど、さっき言ったみたいに、総合学習は高校入試では判断材料にならないから、保護者の目も甘いし、別に悪かったからといって文句を言ってくる親もいない。だからといって、適当につけているわけではないですが、評価の際の緊張の度合いが違いますよね」

高井先生（理科・四十代男性）

「生きる力」という名前の打ち上げ花火をあげる。そして、（文科省が）今回のテーマはこれって決めて、勝手に何かものを決めていく。それで、僕らの現場の教育が何か変わるかっていうたら、少なくとも僕に関してはぜんぜん変わらないね。

ドイツに――面白くなかったから、どっか行ったろうと思ってね

高井先生は、髪を丸坊主に近いぐらい刈りあげ、肌は日焼けしている。おまけに、金色のネックレスまでしていた。かなりいかつい外見である。この方を一目見て中学校教師だと分かる人は稀であろう。彼はインタビューした教師の中では最も教育行政に対して批判的で、その批判を語り始めると、こちらが質問しなくても、すごい勢いで話し続けた。その批判性は、高井先生の性格によるのかもしれないが、一つにはドイツの日本人学校に勤務した経験を持つことから、「外の視点」を持っていることによるのかもしれない。高井先生は文科省の選抜を経て一九九一年から三年間、ドイツのデュッセルドルフにある日本人学校に務めた。ドイツに行こうと思った理由を尋ねると、笑って次のように答えた。

「あー……。うん、管理職とずっと仲悪かったというのがあるかな。当時の管理職と大喧嘩をして、仲が悪かったというのが大きいやろうな。面白くなかったから、どっか行ったろうと思ってね。大阪府教委の一次審査というか、一次テストがあって、それに合格したら文部省の試験を受けて、大阪で八十人くらい受けて、最終的に十三人やな」

ドイツ語はできるのかと尋ねると、「ほんの少し。生活できる程度」と答えた。ドイツの話はまた後で話される。インタビューの本題に入った。

「まず、『生きる力』という概念は、先生がお仕事をされる中で、重要な位置を占めるものになっていますか？」と尋ねると、

「いや、あんまりないね」と無表情に答えた。そして、少し間を置いて、「ちょっと、勝手なしゃべり方してもええかな」と呟き、次のようにほとんど休みなく語り始めた。

「学習指導要領が戦後すぐ、初めてそれができた頃は、全国一律に均一の教育を提供するという大前提があるよね。戦後、学習指導要領が一番最初に制定された、一番の目的がそれ。そうだとは、文部省は明らかには言わないけれども、要するに、すぐれた労働力を何より伸ばすこと。だから、読み書き・そろばん。計算ができて、字の読み書きができて、ある一定の能力を持った労働力をいかにたくさんつくるかというのが、僕は一番目的やったと思う。全国一律に、どの学校でも、ある一定の学力を育てていく。それによって、日本の復興というのかな、労働力を養っていく。それが大きかったと思うんですね。で、それは今でも連綿と続いていると思うよ。ただ、七〇年代後半に高度経済成長期が終わった後、やっぱり、反省はあったんちゃうかな。青少年の色々な問題行動とかね。学力が偏重していて、高校入試、大学入試みたいな学力偏重から、目先を変えていかねばならないというのはどっかにあ

ると思うね。要するに、学力に偏った学校教育を学習指導要領が縛ってて、それに対する反省があり、もっと別の意味で、いわゆる勉強以外の判断力というものがいるんちゃうかということでね、それで、別の意味での指導の方法を見つけようということが一つのきっかけとちがうかな」

「生きる力」という名前の打ち上げ花火

「ただ、変わりきらない。あいかわらず変わりきらない。二〇〇二年度から、文部省から『生きる力』という花火が上がる一方で、塾を容認する発言★8なんてのもあるよね。塾の教育っていうのもそれなりに評価して、そこも一つの教育機関やという認識を文部科学省自体が示す。塾っていうのは、目的意識がはっきりしている。いかに、ブランドの高校へ、あるいは大学に、いかに行かせるかというはっきりとした目的意識がある。で、親や子どもも、その目的にそってお金を払うわけやから、それを文部科学省自体が認めるということは、『生きる力』とは大きく裏返したものやね。そこなんやね。例えば、学習指導要領、あるいは中教審答申っていう、文部科学省のエリアのいろんな決め事っていうのは、その時、その時で、何か打ち上げ花火をあげる。例えば、『ゆとり教育』という名前がついたり、あるいは『生きる力』という名前がついたりと。なんか、今回のテーマはこれって決めて、で、勝手に何かものを決めていく。それで、僕らの現場の教育が何か変わるかっていうたら、少なくとも僕に関してはぜんぜん変わらないね。僕は理科の教師やけど、その『ゆとり』っていうのが出てきた時期から、今もやけど、かつての内容からは三〇％削減されている。例えば、単元として、電気の単元ははずしましょうとか、そういうことやったらまだ僕らは対応できるけれども、すべての単元はそのままで、個々の中身がほぼ三〇％削減されている。それで、授業で教える時に、とっても中途半端な状態で終わるねんな。で、それをやっていくと、こんど逆に、塾とかの関係で、高校入試の方はどうなるねん、あるいは高校で、まあ九五％以上高校へ進学するわけやから、高校に進学した状態で、今の中学校教育で学習指導要領で定められた内容を僕らが教えるだけで、ここでほんなら対応できるかっていった時に難しい。だから、そこの連続性の問題。学習指導要領を越えても、中学校である程度のところまで指導しておかなければ、高校での対応が難しいだろうと感じるし、あるいは、私立高校なんかの入試で、そういうエリアの問題が、学習指導要領の範囲にすれすれの問題が出題されていくことに関して、僕らが学校で教えなければ、ますます子どもや家庭は、勉強に関しては、塾を頼りだす。そうなって、授業を通しての人間関係が微妙な状態になったらね、『生きる力』とかね、僕らが人間形成の別の部分を子どもらに話すなんていうのは絶対に無理。絶対に無理。だから、我々と子どもとが、いかに、人間としてのきちんとした信頼関係で結びつくかということが大前提やもんね。で、僕らが教師である以上は、(信頼関係の) 大部分は教科教育やと思うのね。教科教育が、親とか家庭とか子どもが、学校に対して信頼がなくなって、期待が薄れていけば、僕らとの人間関係、信頼関係はできない。だから、ある程度のエリアまでは教えざるをえない。ということで、僕は少なくとも、学習指導要領を細かく読んだこともないけれども、あまり気にせず、必要と感じることとかは、今でも教えるけどね」

先生自身の歴史的な視点も含め、一度にたくさん語られたのだが、それを強引に要約すると、高井先生自身は学習指導要領のその時々の変転を気にせず、生徒と保護者のニーズに応えるような、教科指導を行ってきたということ

★8　一九八〇年代以降、文部省は、過度の学習塾通いが子どもたちの人間形成に重大な悪影響を及ぼすと捉え、塾の存在に否定的な態度を取っていたが、一九九九年になり、文部大臣の諮問機関である生涯学習審議会が行った提言において、学習塾が学校教育を補完する役割を果たしていることを認め、以来、学校教育と学習塾を共存させる方針に転換した。

とになろうか。

「うん、まあ……公立中学校っていうのは、勉強するの得意な子もおるし、苦手な子もいてるから、全員に対して、全員の家庭に対して、すべてに対してその要求に応えてるかって言われると難しいけどね。ただ、できるだけそれは、応えていかなあかんていうのは、あるわね。そういう状況の中で、学習指導要領っていうのは、全然もう意識の外」

子どもらが、僕の授業を通して、理科が嫌いじゃなくなる

「むしろ意識されるのは、どういう問題が出題されるかとか、どういうところまでカバーされるかというところですか?」

「そうやなあ、そればっかりやったら塾みたいになるから。やっぱり、それだけではない。あとで、長くあとあと『生きる力』と結びつくんだろうけれども、例えば、理科に対して、今、分からんでもええと思うんやけど、今、何点とっているかとか、今、内容が理解できているかどうかということは、あまり授業の中では意識していないし、ただ、子どもらが、僕の授業を通して、理科が嫌いじゃなくなる、受け入れる姿勢を持つ、というのは将来につながると思うねんね。そこが一番大事。だから、僕が教師として一番子どもらに大切にしているのは、そこやと思う。僕と出会って、僕の授業を受けることによって、なんか、科学的なものの見方とか、自然科学に対する興味を持つとか、少なくとも、嫌いじゃなくなる、拒否する姿勢を消そうというのは、すごくある。だから、問題のレベルがどうのこうのというのは、それもあんまり意識しないけれども、ただ、テスト作ったりとかね、そういう時には、練習問題をさせるとか、そういう時には意識するけれども。ふだんの授業ではあまり意識はしないね」

「教科の中で、嫌いにならない、意欲を持って生徒らが取り組むようにするために、先生が工夫されていることとか、心がけていることは、ありますか？」

「まずね、まあ、二つある。立場が色々ある。僕は学級担任であり、理科の教科担任というかたちですから。それで、やっぱりすべての面において、子どもらが僕の授業が楽しみになる、あるいは、クラスへ、学校へ来ることが楽しみになる。で、いろんな行事に取り組む時とか、やっぱり、そういうところで、そうでしょ、僕も小学校の時は、運動会は嫌いやったけれども、運動苦手な子もおれば、歌が苦手な子もおるしね。その子らは、周りとの、子ども同士の関係の中で、最初はいやいやかもしれないけれども、一緒にやることによって、なんか、満足感とかね、達成感みたいなものが、最終的に得られたら、次へつながると思うねんね。それは学級経営でも、教科指導の中でも、意識はしているよね。いかに、こう、楽しませるか。いかに、盛り上げるか。それはあると思う。

もう一つは、前任校では、生徒指導主事をやっていたんだけれども、怒らない。決して、怒らない。じゃあ、怒らないでどうするねん、っていうたら、反省をさせる。反省すればそれでいい。それ以上打ちのめしたりとか、駄目押しをしない。だから、なんかトラブルが起こっても、その子を呼んで、顔を見て反省しているようであれば、僕はそれ以上なにも言わない。もう分かっていたらそれでいい。だから、そのあたりすごい大事なんちゃうかなあ。うん。だから、次に自分が前に進んでいった時に、出会う事象に対して、常に心を開ける。あるいは、前向きな気持ちで、取り組めるっていう経験をいかにさせるか、ということが僕は一番大事だと思う」

ここで高井先生の言う「(生徒が) 出会う事象に対して、常に心を開ける」、「前向きな気持ちで取り組める」ことは、以後の語りの中でも繰り返し出てくるが、高井先生のおそらく最も大事にしているポイントだと思われる。そして、その状態をつくるために、クラスの中では生徒を「楽しませる」、「盛り上げる」、また問題が起きた時にも頭ごなしに叱らない、といったことに留意しているという。

次に、授業の進め方や、指導上で心がけていることについて、先生に尋ねた。

「えっとね、僕の授業の目標は、聞いてしまう授業。どう言ったらいいかな、授業だから、子どもらが例えば義務感でね、ノートをとるとか、授業を受けるんじゃなくて、なんか、自然の流れの中で、僕の話を聞いてしまう。ノートをとってしまう。それが、僕の発想やね。例えば、授業行った時に、僕の授業の前が体育やったりすると、僕が授業に行った時には、ちょっとざわざわしているとかね、落ち着かない状態があったりするでしょ。そこで、怒らない。子どものレディネスがそろうまで、子どもたちが聞くという、授業を受けるという気持ちが育つまでは、僕はしばらくは授業をしない。何するねんて言ったら、例えば、夕べのテレビの話をしたりだとかね。最初ざわざわしていても怒らない。うるさいとか、静かにせえとか一切言わない。で、しゃべっていたら、そのうち僕の声が聞こえている連中は、僕と話をし始める。例えばテレビ番組の内容について、一、二の生徒が僕と会話を始めると勝手にそこらでしゃべっている連中も、そのうちだんだん話が気になり始める。そのうちみんながこっちの話に注目を始める。で、適当なところで話を切って、授業を始めれば、授業は成立していくわけや。だから、五十分の中でね、場合によっては半分以上そういうことで終わってしまう場合もあるし、なかなか、微妙なテクニックかもしれへんけど、基本的には決して僕の方からは強制はしない。強制はしないけれども、授業はせなあかんし、話は聞かさなあかんわけやから、それをうまく僕の話術で、どうひきつけるかなんやけど、そこやね」

「もう一つ、学ぶ姿勢をつくるっていう話、さっき話にも出ましたが、しっかりノートをつけるとか、そういう姿勢の面は重視されますか。しっかりノートをとれとか」

「ああ、言えへんなあ」

「自主性を重視するっていうことですか?」

「ただな、たしかに、ノートとってない子とかおるわけやな、中には。筆記用具もない、ノートも持って来ない子とかな。まあ、ほとんどそんな子はおれへんけどな、たまにはそんな子もいてる。今年も一人いてる。しゃべりながら、授業しながら、そいつのところに行って、プリントの余ってるやつ渡すとか、僕が持ってるボールペン渡すとか。書けよとか、そんなことは言わない。そいつのところに行って、ボールペンと紙を置いて、また教卓の方に戻るっていうかんじやな。それはする。書くチャンスは与えなあかんし、その子がノートも持ってない、筆記用具も持ってなかったら、書かない。でも、それをほっとくわけにはいかへんから、一応、その子が授業に参加する環境は僕がつくらないといけない。で、渡すけれども、書けとか、写せとかは言わない。ただ、持って行って渡せば、そいつは書きよる。それは、僕と彼との人間関係やと思う。無言のプレッシャーがかかってるのかもしれへんけど」

勝負はたった週三時間ではない

「その、生徒と信頼関係をつくっていくっていうことで、例えば、週三時間よりも、四時間の方がもっとゆとりを持って教えられるというか」

「まあ、それはあれやわな。一週間、各クラス三十時間、今は五日制でしょ。毎日六時間で、一週間三十時間を九教科やらなあかんわけやから、すべて僕がぶん取るわけにはいかへんのでね、その与えられた三時間の中で、どれだけ子どもらと人間関係つくれるか。けど、それは授業だけじゃないねんね。学校で一緒に生活しているわけやから、例えば今みたいに掃除の時間であるとか、あるいは休み時間にどっかで会った時とかね、いろんな場面で僕を見せることはできるし、いろんな場面で子どもたちと接触することが可能なわけやから、決して授業の中だけではない。で、もう一つは間接的に。例えば、今年卒業した子で、僕、三年生担当してたから、僕のクラスの子がいてるでしょ。僕のクラスのやつと僕との人間関係が、間接的に他のクラスの生徒に伝わっていくし、クラブとか地域を通して、一年生、二年生、後輩にも伝わっていくわけやし。だから直接僕の授業を受けていない子らでも、高井という教師がどういうやつかっていうことは、うちのクラスのやつとか、僕と接触する機会が多いやつらを通して、伝わっていく部分があるよ。その子らが、僕のクラスの子らから、何か、すごくこう、ポジティヴな話を聞けば、僕を直接知らなかったとしても、僕に対してポジティヴなイメージを持つだろうし、いい意味で興味を持つやろうね。で、なんかのきっかけで僕が授業を持った時に、あるいは、僕が廊下ですれちがって声をかけた時には、それは、もうまったく初対面じゃないわけやな。その子は、僕についていくつかの予備知識を持った状態で接しているわけでしょう。だから、それはもう、作戦としてね、僕らはつくっていかなあかん。だから、勝負はたった週三時間ではない」

このコメントが示すように、高井先生は、生徒の「前向きさ」を育てる上で、特に重視しているのが、教師－生徒間での良い人間関係の構築である。そして、直接的な生徒とのやりとりを通してだけでなく、自分の教師としてのポジティヴなイメージが生徒の中で波及し、接点の少ない生徒でも、高井先生の授業や学級活動に前向きに取り組めるよう考えているという。

理科が嫌いなやつ手を挙げてみいと言ってみる

次に、生徒の意欲・関心の評価も含めた、観点別評価の導入の問題について尋ねた。

「あんまり意味があるもんとは思われへんけどな。ただ、個別に見るとね、それはそれで、価値があるかなあと感じる面もある。微妙やと思うねんけど。全体的に見れば、観点別の評価っていうのはね、あまり子どもたちの成長とかね、学習評価として、適切とは思わない。ただ、すごく点数は低いんやけども、理科が大好きで、一生懸命やろうとしている子もいてるわね。その子に、単に通知表の数字だけを与えるよりかは、その観点別の評価の、意欲であるとか、態度であるとかっていう評価はね、意味を持つかもしれない」

「先生の、意欲・関心・態度をつける基準といいますと、実際どのようにして?」

「あんまり考えへんけどなあ。考えへんっていうたら変な言い方やけど、基本的には、それほど意味のある評価と感じていないから、あまり深く考えずにつけています。えー……、例えば、授業への参加が通常の状態でできていて、そうなっていたら、基本的にAをつけてやります。あと、知識とか理解という観点に関しては、原則としては、定期テストの点数を三段階にしてつけます。あと、理科に関しては、実験・観察の技能とかいうのもあるねんけどね、それは、実験とか観察をやるそういう授業の中での、その子の取り組み方を評価に加えます。ただ、それもよっぽど、やる気がないとかね。だいたい、授業はちゃんとやってへんけど、実験になったらそれなりにやる子が多いからね。ただ、それも基本的にはAをつけます。だから、あまり深くは考えてない」

「意欲・関心とか、そのへんはどうですか?」

「うーん……そこがね、僕が迷っているのはね、さっき言ったけど、子どもの意欲とか関心というのは、その子に備わっているものじゃなくって、育てるもの。だから、Aをつけないっていうのは、僕の授業に非がある。だから、僕が教えている子らが、僕の授業とか、理科に対して、意欲を持たない、関心を持たない、それの評価を僕がつけるっていうことは、それは、僕の授業を否定することになる。そう、僕は考えている。だから、そのへんね、

微妙なところがある

「あらかじめ、意欲があるというわけではなくて、先生の授業の中で……」

「そう。僕の授業の中で……、例えば、僕は一年生長いこと教えてなくて、二年生を今年も教えているけど、理科が嫌いなやつ手を挙げてみいって言うたら、何人か手を挙げるよね。手を挙げない子もいてる。手を挙げない子は好きかというとそうでもない。なんか、警戒心を持っている子もなかにはいてる。で、期間をあけて、もう一回、理科が嫌いなやつ手を挙げてみい言うたら、一回目よりも増えることがある。それは、僕との人間関係の成立をあらわすでしょう。僕に対する安心感でしょう。初対面の僕に対して、理科が嫌いというのは、手を挙げにくいけれども、何回か僕の授業を聞いて、僕のキャラクターが伝わっていけば、あ、この先生は安心やと思えば、正直に嫌いって手が挙げれるでしょう。だから、増えてええわけやな。増えたことによって、僕の授業が否定されたわけやないんやな。僕の人間性が浸透していったと感じられるわけやね。それで、一学期終わって、二学期終わって、ある時期に、僕の授業が終わった段階で、理科の授業嫌いなやつ手を挙げてみいって言うたら、その時に減ってるっていうことはあるわな。そこが僕の授業のところでね。だから、例えば、テレビで授業やっている状態を子どもに見せて、その授業の様子を僕が横から客観的に眺めていて、あ、こいつは意欲があるとか、関心があるとかっていうのやったら、僕は客観的に評定がつけれるけれども、授業者は僕やから、その僕の授業に意欲持てるか、関心を持てるかっていうのは、僕の責任。それは僕の責任だと感じる」

三日ぐらい体験に行っても、たいしたプラスはない

話題を「総合」の問題に変え、そこでどういう力を伸ばしていきたいと考えるのかを尋ねたところ、「うーん、

難しいなあ」と一言漏らした後、これまた、先生の持論が展開された。

「今は『総合』とか選択とかね、特別活動、道徳とか、枠組みあるんやけど、でも、教育っていうのは、僕が作戦を立てて、子どもと対応して、自分の作戦通りに、子どもを誘導する、これが教育やね。僕はこれが教育やと思っている。すべて、意図的、計画的に、子どもを誘導していく。うまくいかない時もやっぱりある」

教育とは、「教師の作戦通りに、子どもを誘導する」こととは、普通の教師なら思っていても、堂々と言えないところだが、高井先生は自信を持ってそう言い切る。

「で、総合学習っていうのは、元々、色々な行事やってるやん、例えば、体育大会とか、校外学習とか、修学旅行とかね。それを各学校が、それぞれの判断で、自由に学校の裁量として、色々な学校の行事、学年の行事を組んでいたわけやな。それで、ゆとり教育以前に、今までどうやってきたかというと、教科時数を食いつぶしていたわけやね。例えば、金曜日の五、六時間目、通常であれば、理科と数学の授業があるけれども、合唱コンクールするから、あるいは体育大会の練習するから、授業をカットしてそういう行事をやる。そういうふうにやっていると、本来理科は三十五週で週三時間、一年間で一〇五時間の授業というのが文科省の規定なんだけど、行事で食いつぶしていって一〇五時間には足らない。最初言ったように、全国一律の画一化された教育を提供するためにはそれはまずいので、なら、初めから『総合』という枠をとりましょう。そのために、各教科の時数を一時ずつ減らして、『総合』という名前の授業を作った。で、そこでほな、何をやるかっていうと、例えば、体育大会も『総合』の一つやし、校外学習も、修学旅行もそうやし、今まで、各教科の、必修教科の授業を適当に食いつぶしとったのが、『総合』という枠組みの中でやれということになった。本来の『総合』というのは、そら、文部科学省は『そうですよ』とは言わないけれども、文部科学省が考えている一番の根本は、僕はそこやと思ってる。だから、それで『総合』をやりなさい、ということやわな。で、行事を『総合』の時間にやれということになると、やっぱり、格好つかへんから、『生きる力』という言葉と絡めてね。『総合』の時間を利用して、あるいは、道徳、学活も利用して、『生きる力』を育てなさい、とね」

高井先生の考えでは、「生きる力」を育てるための場としての「総合」という考え方は、タテマエに過ぎず、実際は、教科の時数が学校行事によって取られることがないよう、あらかじめ学校行事用の枠として「総合」が置かれたということである。また、そうしたタテマエで導入された「総合」は、現場に下ろされてきても、表向きのねらいにしっかりと沿った中身になっていないと批判する。

「で、C市はその『総合』で何をやっているかというと、例えば職業体験をやっている。とってつけたような行事やと思うねんけどね。で、まあ、ぶっちゃけてね、三日、四日、子どもらがいろんな職場へ出向いて、仕事を見るっていうか、経験することでね、何がプラスやねんていうたら、僕は、そんなことでたいしたプラスはないと思ってる。そんなたいしたプラスはない。逆にいうと、受け入れてくれるいろんな事業所は、大変！　迷惑をしてはるわ！」

「そうですか」

「そうでしょう。で、いろんな事業所が受けている負担と釣り合うだけの教育効果が上がっているかというと、僕は現場の人間としては到底思えない。にもかかわらず、そういう枠組みができてしまっている。だから微妙なところやね。ただ、例えば、その質問でね、総合の授業の中で、どういう目的意識を持ってやっているかというと、例えば、職業体験であれば、将来につながる職業選択。あるいは仕事をする大人の人を見ることでね、その人の生き方を見てこれるやろうし、書類用の目的は、そう書けるやろうけれども、まあ、微妙やね」

高井先生は、職業体験が、その表向きのねらいを遂行するにはいかに弱い取り組みであるかを示すため、ドイツの職業学校の例を話してくれた。

「例えば、ドイツは、今の十二歳から十五歳の年齢層っていうのは、学校が全部で三種類ある。ギムナジウムっていう、大学進学を目指す、大学進学への準備をメインにした学校。もう一つは、ミッテルシューレっていうねんけど、これはいわゆる日本の中学校に近いもの。そこから、職業学校に進学することもできるし、そこからギムナジウムに入って、大学進学を目指すこともできる。最後に、レアルシューレっていう、日本でいう専門学校みたいなかんじ。農業、工業とか、いろんな職人さんを目指すための学校。で、ドイツという国が、日本やアメリカと違うのは、すべてマイスター制度。日本みたいに、魚屋さんも、肉屋さんも、パン屋さんも、学年、学歴に関係なく自由に就けるけど、そんな職業はドイツでは一切ない。肉屋さんであろうが、魚屋さんであろうが、パン屋さんであろうが、そこでマイスターっていう資格をとらなければ、その職業に就けない。で、例えば、農業科のレアルシューレに行くと、一週間五日間の間で、最初は学校にちょっと行ってるけどね、途中からは、週半分は、農家に行って実際に仕事をする。残り半分は、学校でそれに関する勉強をする。で、そこで、いわゆる徒弟制度みたいに、マイスターを持った農家の人から実際に仕事を教えてもらう。そこで経験を積んで、自分でマイスターの資格をとって、やっと農家になり、農業をすることができる。だから、すごい仕事に対するプライドを持ってはるよね。で、職業を経験するんであれば（日本も）そういうシステムがいるだろうと思う」

文部科学省の言葉を借りれば、「生きる力」やと思う

右のようなドイツでの経験の話を経て、再び、日本の指導要領による画一的なカリキュラムの規定に対する高井先生の批判が始まった。

「さっき言ったけど、日本の学習指導要領の、均一なすぐれた労働力をつくるという意図とは別に、国民の、子どもらの、家庭のニーズが多様化してきて、にもかかわらず、国が学習指導要領を作っていることに、大きな問題があると僕は思う。その問題点をごまかすために、花火を、テーマを色々とつくる、『ゆとり』、『生きる力』？なんとかかんとか。で、国際的な数学とか理科とかのテストで、日本の順位が下がってきたから、理数離れがどうのこうのとか、理数に力をいれなあかんとか、小学校で英語を教えなあかんとか、訳の分からん論理に発展してきている。だから、なんかねえ……そのへんの、僕の中で、学習指導要領に対して積極的な理解ができていないから、その中に規定されている『総合』であるとか、『生きる力』であるとかっていうのは、あまり意味があるものになっていないんやな。で、『総合』やる時に、僕がなんべんも言ってるように、僕が教師として、『総合』の時間であっても、ホームルームの時間であっても、教科の時間であっても、一本自分の中で筋を通しているのは、常に、気持ちよく、前向きに取り組む子どもを育てる、そこ一本やねん。だから、職業体験に行かす時も、二百人以上いる子どもを六十箇所ほどの事業所にお願いして、受け入れてもらう。子どもの希望を取るけれども、自分の希望にそったところは、なかなか行けないよね。その中で、見て来いと言われても、その子にとって将来の職業選択にどれだけのプラスになるかどうかは微妙でしょ。でも、例えば、気持ちさえ前を向いていれば、自分がやりたくない仕事であったとしても、そこの大人からいろんなものが学び取れるやろうし、その仕事を仕事として認識することができると思うんやな。だから、何より大事なのは、すべての学校のいろんな取り組みの中で、いかに子どもを積極的に、前向きに、活動させていけるかっていうことやと思う。それは文部科学省の言葉を借りれば、『生きる力』やと思う。だから、文部科学省からわざわざ、四年前にね、『生きる力』って言われなくても、僕は二十数年前から、子どもたちの『生きる力』をつけてきてるわけや。わざわざ言ってもらう必要は少しもない！」

「そういう前向きな姿勢さえあれば、学んでいくにしても、仕事をしていくにしても、自分で吸収してやっていけるということですか？」

「そう思うなあ。だから、それは教科教育も、『総合』であっても同じじゃと思う。だから、『総合』っていうのは、さっきも言ったみたいに、校外学習なんかでも、大勢の中の一人として、ただついて行くだけじゃなくって、その中でいろんなキャラはあるけども、自分なりに、一歩前に出て、その場におれるかという。そういう大人を、将来の大人をどう育てるか、ということやと思う」

何をもって基礎・基本なのかは微妙

他の教師に対してと同様、中学校現場における「総合」の実施に対する批判について紹介した。高井先生は「別に、そういうことはあまり気にしないね」と答えた。

「どこまでが、基礎・基本かとかね、難しいよね。小学校で終わってるのかもしれないし、中学校、高校までかもしれないし。僕なんかは専門が有機化学やったんやけど、有機化学を大学でやったら、高校までの内容とか何の意味もなくなってしまうから。だから、高校三年生までで習う内容と、大学からスタートする内容のギャップが、すごく大きい。僕が三十数年前に中学校時代に習っていたことと、今、僕が教えていることは、なんら差はない。ほとんど同じ内容で授業をやっていて、その三十数年間の間に、科学技術が進んでいて、有機化学に関してもすごく進んでいて、そのギャップを一気に埋めなあかんわけやな。そういうことでしょ。そういう意味でいうと、基礎基本っていっても、どこが基礎基本なのかっていうのは微妙で難しいよね。元素記号ぐらい知ってたらええんちゃうかなあってかんじやけど（笑）」

「でも、その高校までの化学とかやってないと、有機化学の理解はおぼつかないっていうことは？　そういうことはないんですか？」

「うーん。まあ、興味があれば、大学からスタートしてもいけるんちゃうかなあ。それぐらい違う。それぐらい、スタートの時点が違う。例えば、高校であなたの習ったいろんな有機化合物とかあるでしょ。あんなん知ってたって、ぜんぜん意味がない。まあ、なんか……あんまり意味がないわなあ。そこで、くいついていけるかとか、それこそ僕みたいに、まあ、僕はしれとるけど、有機化学が専門でね、物理なんかもそうやし、特に自然科学に関してはね、大学に入って、そこからあと、大学、大学院に進んで行こうかっていうふうに思うのは、やっぱ別のもんちゃうかなあ。その、基礎学力とは別のファクターやと思うよ。そこに対する強い興味、『こんなに違うんや』という興味でもいいと思う。『高校までで習っていたのとは全然違うんや』っていう」

「それはそれで、動機になりますしね」

「そうやね。それでもいいと思う。そこがあったらね、高校時代にあまり分かってなくても、習ってなくても、やれる気がするけどね。それぐらい差があるね。だから、何を基礎・基本というのか分からへんけど。その、職業体験と、僕の授業とどっちが有効やねんと、そこに関しては、判定できないね。それは、僕の授業をじーっとすわって聞いているよりかは、三日間でも、たとえ一日でも、大人の人が働いているのを見る方がね、子どもにとってはプラスかもしれへん。だから、基礎・基本をおろそかにしてまで、やる必要はないとは、僕は、あまり思わないね」

「その、生徒それぞれということですか？」

「うん。だから、何よりも問題なのは、教科書も、内容も、やることも、行政が縛ること。ここに一番の教育の課題がある。だから、僕らはやっぱりプロやからね。僕らはプロとして子どもらに関わっているわけやから、僕らにまかしてよと。それが、僕の一番の、一番いい方法やと思う」

以上を話した後、高井先生は「どう。かなり過激な発言やったか?」とにっこりして筆者に言った。

今村先生（理科・五十代男性）

僕、個人的にはね、今はもう情報化社会になっていますから、情報化社会の中で、情報をどううまくコントロール、というよりも、取捨選択して受け止めていくのかという。その力が当然必要になってくるだろうなあと。

転職につぐ転職

今村先生の特徴の一つは、いつも白衣を着て仕事をしていることで、理科の教師としてはそれほど珍しいことではないかもしれないが、一見したところ大学や製薬会社の研究者のように見える。とても穏やかな声で、丁寧にかつ論理的に話す。放課後は白衣をいったん脱ぎ、ポロシャツと短パンの上下を着て、テニス部の監督に行く。四十代に見えるが、実際には五十を少し過ぎたところだと聞いて筆者は驚いた。

「先生ご自身のなかで、子どもの生きる力を育てるということは重要だと思われますか？」

「ええ。まず、コミュニケーションの部分は大切にしていかへんかったら、難しいやろうなと。つまり、自分の意見を相手に伝える、相手の意見を受け止めるということ、それをなるべく、双方の考えが一致するようなかたちでね」

「それが一番重要だと思われますか？」

「物事を進めていったり、理解するときには、必ずついてまわるものやろうなあと。で、一人でできることっていうのは知れてますやん。現実的にはいろんな人の協力の中で、自分を育てていかなあきませんから。そうなってくると、相互に、意思を伝え合うというのを大切にしていかなあかんやろうなと」

「子どもが卒業して、社会に出ても重要な要素だと思いますか？」

「うん、当然ね。僕自身が、三年ほどサラリーマンやっていましたから。一般企業で三年ほどやって、この仕事についていますから、一般社会ではまず、挨拶を含めた部分、それから、『はい』か『いいえ』か、分からなかったら『分からない』というのをしっかり区別させとかなあかんから。そういう意思表示ですね」

ここで述べているように、今村先生は企業に務めた経験があり、インタビュー中の発言にもその経験に基づくものが見られた。面白いのは、教師になるまでの経緯である。

今村先生は、大学で「応用化学」を専攻し、その中で「微生物を使った連続的な発酵装置」を扱う研究室に入った。大学入学後はっきりした研究専攻の希望を出していなかったところ、たまたまそこに配属されたらしいが、研究室での作業は好きだった。しかし、研究とは関係のない、別の夢を持っていた。「調理師になって店を持ちたかったんですよ」と話す。その関係で、卒業後、厨房機器を扱う会社に入った。しかし、入社して間もなくそこを辞めて、次はピザ屋で働いた。その頃、どういうわけか、夜間にとある大学の法学部にも通っていた。本当に、興味関心が多岐に亘る人である。ピザ屋と夜間大学の二足のわらじを履いていたほぼ同時期に、教師になりたいと思うようにもなった。大学在籍中に中学校の免許を取ったが、やはり小学校の教師になりたいと思い、佛教大学の通信課程で小学校の免許を取った。しかし、当時、小学校の教員採用の枠は大阪府では非常に限られており、合格が困難と思われた。一方、大阪府の中学校理科は比較的採用枠が広かったので、中学校の採用試験を受け、無事合格した。二十八歳の時であった。

この二十代の経歴を聞くと、なんて移り気なふわふわした人かと思われるかもしれないが、現中学校では教務主任として大黒柱のように皆から頼られる先生である。また、教師になってからも研究熱心な面は変わらず、前任校では同僚と共に「総合的な学習の時間」の授業開発を推進した。生徒に個別に課題を設定させて、研究論文をまとめさせるその取り組みは全国的にも注目されるものとなった。「実践をまとめて本も作って、結構売れましたね」と特に自慢げな表情も見せず、今村先生はその本を筆者に見せてくれた。こうした課題研究の取り組みは、後述するように先生の現在の実践にも引き継がれている。

必要な情報を自分で取捨選択して、それに基づいて判断する力

今村先生は社会人としての経験から、コミュニケーション力を「生きる力」の一つとして大事だと考えていたが、その次に挙げたのは、多様な情報をもとに考えて、判断する力であった。

「そうしたコミュニケーション能力の他に、大事だと思う要素はありますか？」

「まあ……『生きる力』といってもそれは捉え方しだいやしね。これからの社会で考えていったときには、判断力。状況状況に応じて、よりベターな選択ができるかどうか。その中で自分の意思決定ができるかどうか、それは当然必要なことやろうと。あまり、こう、枝葉にとらわれるんじゃなくって、本質をしっかり見抜くということが必要だろうなあと。ただ、その判断、決定するためにはある程度、基本になるものが自分の中にないとだめやから、そ

れをどう育てていくのか。特に学校教育という中で、子どもたちに対しては、それをどう育てていくのかは考えなければいけないことです」

では、その意思決定の基礎になるのは何であろうか。

「基礎学力は絶対必ず必要になってくると思うんですね。それに加えて、僕個人的にはね、今はもう情報化社会になっていますから、情報化社会の中で、情報をどうまくコントロールして、というか、取捨選択して受け止めていくのかという、その力が当然必要になってくるだろうなあと。で、今の子どもたちは、メディアを含めて、一方的に情報が流れてくる場合が多いですから、その一方的に流れ込んでくる情報の中で、自分に必要な情報と正しい情報、そのあたりの見極めをどうつけさせるのかというあたりは、これから大きな課題になると思います」

「必要な情報を自分でキャッチして、それに基づいて判断するということですね。すでにコミュニケーション能力のことも話されていますが、そういう能力を学校教育で育てていくのは、学校教育の役割だと先生はお考えですか?」

「うーん。でも、正直言うてね、全部はできないから、その一部。一部といっても、今のこの限られた中で、どれだけのことができるのかというのは、かなりクエスチョンの部分が多いやろうね。で、ましてや、四十人近い生徒の中で、一人ひとりの物事の判断を教師も入りながらさせる機会があるかっていったら、そんな機会ほとんどないですから。一方、親のニーズとしてはやはり、学力という部分をかなりシビアに要求される部分があります。まあ、親から見たら点数の結果しか見えてなくて、その結果を要求されることが多いです。その結果までの判断の過程までは親はなかなか分からない部分が多いですから。まあ、点数は何点でした、その中で何を理解していました。で、この点数で三年生はどこ(の高校)に行けるんですかって、極端に言えば、それでしまいですから。難しいところです」

マンツーマンでの課題研究の指導

では、今村先生は、右で述べたような力を、理科の授業の中でどのように育てていこうとしているのだろうか。ここで今村先生は、夏休みを利用して生徒に本格的な課題研究に取り組ませる実践を挙げた。

「教科授業の中ではね、具体的に言えばもう、中学校は基礎学力をつけさせるというのがメインですから、その枠からはずれることはできないんで、その中で今の部分を身につけさせていく機会としては、総合学習の時間であるとか、若干ゆとりの時間などを利用しながらですね。

教科的にいえば、必ず長期の休みのときには、課題研究を子どもたちにさせています。その課題研究も一対一という関係の中のオリエンテーションをしてから、何を研究したいか、何を調べたいのか、そのためのスケジュールや段取り表を一対一の中で必ず相談をして、計画を立てさせてから、夏休みに入って研究をさせるという。一応夏休み中も、何日か理科室を開放する中で、質問があったら聞きにおいでって、失敗したらおいでとかね、そういうかたちで自分で考えて、調べて、結果を出す。それから必ず、その後にプレゼンテーションまでさせるようにしています。そのプレゼンテーションについては、時間的に厳しい面もあるけど、パワーポイントなりそれに近いソフトを使って、最終発表の形でまとめてもらって、一つの流れとしてやらせています」

「理科の授業でですね。先生一人で、一年生を全部一対一で?」

「まあ、結果的にはね」

「すごい労力といいますか、時間がかかりますよね」

「すごい時間かかるから僕の授業は、そのへんでは、他の先生と大分違っています。通常の授業では基礎的なところを中心にして、発展的なところをあまり細かくやらないです。その時間をぜんぶ夏休みに、そういう部分に振り分けていくんで。夏休みに入る前の、だいたい六時間、まとめを入れると十時間から十二、三時間それで費やしてしまいます。それで、あとの残りで、教科書の残りの部分を終わらせていかなあかんというかんじやから、あんまり、個々の単元の、子どもが興味を覚えるような部分の、細かい授業展開はしてないです」

「その分、夏休み前後の課題研究の方に入れているわけですね。本当に面白いですね」

「子どもが面白いと感じるのか、しんどいと感じるのか……。ただ逃げ道的にはね、だいたい、四人までのグループの研究は可にしているんです。どうしても学力面を含めて、一人でやりきれない子は、グループの中で役割分担をして、そしてお互いに相談しあってやる。そういう形も一応オーケーにしているんで。ですから、一人で最後までやる子もいれば、グループの中でなんとか自分の持ち味を生かしながら、整理させるというそういう点も少し、ゆとりを持たせています」

「課題の研究は観察、自然観察とかがメインになるんですか?」

「いや、一応授業の延長で考えているから、例えば、一年生の場合やったら、いま植物の勉強をしているから、メインテーマは植物なんです。それと、個人的には、環境についての問題提起をしているんで、植物と環境の関わりという大きなメインテーマに対して、それについて、個々が何を調べるんかというのは、すべて子どもたち自身に選ばせるようなかたちにしています。で、どうしても自分で考えることがいやという子や考えない子もいてるんで、そういう場合は、指導書とか、参考書とかに載っている手順を、そのまま自分でやってみたら?と提案します。例えば、松の葉っぱの気孔の汚れ方で、空気の汚れ方が分かるんで、それが(本などに)よく出ていて、近所でできることなので、どうしても自分で考えるのが面倒くさいという子は、それをやってみる。そういう形で、いくつかの具体例を挙げながらさせてます」

「課題研究は二年生、三年生でもあるんですか？」

「僕は、そのやり方でずっとやっています。だから、一年生では植物、二年生では動物、冬休みは冬休みで結晶作りをさせたりとか、必ず長期の休みの時には、宿題用のプリントも渡すんですけど、必ずこの課題研究をセットで付けてやらせています」

なかなか他の先生には真似のできない、課題研究の実践である。特に事前の準備として一対一で指導を行うという時間のかけようは、なかなか真似できない。今村先生の言う情報を取捨選択し判断する力の発揮の場を、理科の授業で開いていると言えよう。

ちなみに、そうした生徒主体の個別の課題研究のような取り組みが実施できるということで、この中学校は、生徒の学習意欲が総じて高い、落ち着いた学校だと思われるかもしれない。今村先生の前の勤務校はそうであったが、今の学校はそうではないと言う。生徒は学力および学習意欲に課題のある生徒が多く、生徒指導上の問題も日々頻発している学校である。しかし、その中でも、今村先生は、理科や「総合」において、生徒に取り組ませる内容について決してハードルを下げることはしない。

将来の展望をどれだけ、子どもに持たせることができるのか

今村先生は、教務主任の仕事の傍ら、中学校全体の「総合」のカリキュラムづくりにも携わっており、各学年の取り組みの細部にも色々な提案を行っている。今村先生に、「総合」の中で、何を重視しているのかを尋ねた。そこで出てきたのは、グループで学習をし、発表させ、そして生徒が相互に評価し合うという一連の流れである。

「そうですね、グループ学習を多く取り入れるようにはしています。そして、学習の終わりには、必ず最後に発表を入れる。で、発表をして、その総合評価をね、自分はどうだったのか、人のを見てどうだったか、評価します。これ、『総合』の場合は必ず入れなあかんことなんで、入れていますけれども、そこを丁寧にするようにしてます。やりっぱなしということがないようにね」

「どのように行うのですか?」

「だいたいパターンは決まっているんです。こういう小さな紙の中に、発表を聞いての評価項目のポイントをつけていく。その中でよかった部分、悪かった部分、あくまでも総合評価としてね、けなすんじゃなくって、プラス志向、相手に対してアドバイスをするという視点を持って書く。終わったらそれを全部、発表者の子に渡す」

一方、今村先生は、職業体験など子どもが地域に出かけて学ぶ体験学習の場においては、「生きる力」を育むという観点でどのようなことを期待しているのだろうか。

「まあ、仕事を含めて、将来の展望をどれだけ、子どもに持たせることができるのか、ということですね。ある意味で今の子どもたちは、特に日本の子どもたちは、恵まれているところがあるんで、ですから、がむしゃらにこうしたいとか、ああしたいとか、そういうのがない。まあ、ある子はあるんですけど。だから、ある程度、自分の将来の展望を持っている子については、職業体験をさせるにしても、職業の内容的なものをかなり考えて選択していきますけれども。でも、残念なことなんですが、半数を越える子どもたち自身は、そこまで考えていません。逆に言うと、友だちがこれをするから私もする。あの子がこれしたい言うから、私もする。というように、意思決定自体が、自分の意思決定じゃなくって、周りにかなり左右されるような意思決定が多いんですね。ですから、本当に職場体験でも、したくて行っているのじゃなくって、とりあえず、自分がこれしたい、あれしたいっていうのがないから、A子ちゃんがするから私もやるとか。あるいは、先生からこうしたら、と言われたらするとか」

「自分の意思で選んでないということですね」

「フィールドワークにしても、体験にしても、その部分を、どう、もう少し考えさせることができるんかなあという。でも、なかなか難しいですね。十人が十人ともそこまで意識を高めているわけじゃないから」

「例えば、社会性というようなところで、職業体験に行って、色々地域の人と仕事をする中で、礼儀作法や言葉遣いを考えるとか、そういう中で、帰ってきたらちょっとは落ち着いているとか、そういうのはありますか?」

「まあ、マイナスにはならないでしょうけど、その子によると思います。しっかりと意識を持って行った子はね、すごく変わります。だから、将来、看護系を考えている子なんかが、職業体験で病院とかに行ったら、これがやっぱり自分の夢やっていうことで、三年生の進路指導の時に、看護系の高校を選んだりとか、そういう形で、それを実現しようとする方へ結びついていきますけれども。先ほども言いましたけれども、安易に……ちょっと言葉きついですけど、安易に近くのコンビニとかを選んで、職業体験二日間したことが、その子の将来にとってどうつながっていくのかというところはね。一応、お客さんに対するマナーとか、マクドナルドとかでもそうですけど、接客の大変さを知ったというだけで、それが実際に自分の進路を含めた部分で、どうつながっていくんかといったら、あまりつながっていない。それは、その場では色々つながったことはあったかもしれないけれども、それが長いスパンの中の自分の将来性に、どうかかわりがあるんかというところでは、まだまだ弱いところがありますよね」

また、今村先生は、「総合」のカリキュラム全体をコーディネートする立場として、小中高の「系統性」という面での課題も指摘する。

「ちょっと批判的なことを言うと、そういうふうに、いまキャリア教育も含めて、市の研究指定のお金も使って進めてはいるけれども、でも、どれだけ条件が整備されているかといったら、大分無理がある。それと、総合的な学習自体に、今、学校の内部的には系統性を持たせるように取り組んでいますけれども、まだばらばら状態というか。小学校で『総合』、中学校で『総合』、高校で『総合』、そこに小中高の間での関連性があるのかというと、ぜんぜん関連性がないですから。ですので、その面でいうと、小学校でやったことが、中学校で活かされることもないし、まあ一部は活かされている部分もあるかとは思いますが。中学校でやったことが高校で活かされるかというと、なかなかそうではないですね。だから、横の関連も、縦の関連も含めて、もう少しね。広い視野に立ったなんらかの組織が、ある程度のまとめ役をしないと、これは各学校単位でどうこう言っていても限度がありますよね。ですから、結構無駄が多いし、それから、時間をかけている割には、どんだけの成果があがっているのかはクエスチョンマークですね」

観点別の評価をどうつけるか

続いて、理科の指導の中で、観点別の評価をどのようにつけているかを尋ねた。

「そうですね、理科はもともと、子どもの興味関心をつけさせないと進まないですね。教科書をそのままだらだら読んで、はい覚えなさいという授業じゃないんで、実験なども含めて、興味関心の部分はもともとやっている教科なんですね。だから、そこでどうのこうのという……観点についても、従来とほとんど変わらないというかんじですね。まあ、一応変わりましたけれども、教えるのはここまででいいという枠組を決めているだけであって、実際には旧来とほとんど変わらないような内容でやっているので、ただ、ここはテストには出ませんよという一言を付け加えるだけで、理科で教えている中身はほとんど変えていません。必要なこと、教えておかないとあかんことはあるし、最初に言ったように、全体はやっぱりおさえておかないと、今やった学習の中身が、どう後につながっていくのかという部分をある程度知らせておかないとね。で、いま中学校はここまで、この続きは高校に行ってから、この続きはこんなんあるんですよっていうのを、ちょっとは教えてもいいなとは思いますね」

「意欲・関心・態度をつけるにあたってはそれはどのような方法でやられていますか?」

「えっと……基本的には点数化しています。客観的に見ていかなしゃあないので、レポートを含めて、何か書かせたときには必ず、それを見て、ＡＢＣ評価をつけています。Ａが四点、Ｂが二点、Ｃが一点。で、まあ無提出とか、まあ、ゼロはないんですけど、たいてい再提出とかでさせるから。で、それぞれの課題で一応目標がありますから、スケッチをする場合は、ここところのスケッチができているかどうか、そういう部分の説明をしてやらせるとか。それができていたらＡ評価とか。一つぬけていたらＢ評価で、それが抜けているよということを指摘します」

「主に提出物とかで?」

「そうですね。それしかないんでね。発言と言っても、五十分の中で発言する子は、何人いてるんかということもあるし、結局発言する子自体が限られてくるので、それで意欲関心をつけていても、片手落ちになってしまいますね。だから、限られた時間の中で、全員がどうであったのかというのを評価しようとすると、一応一律の基準がないとだめですね。だから、形の決まった提出物なんかになりますね、判断するとなると」

本来は「総合」と授業のどこでリンクさせることができるのか

「総合学習の話に戻るんですが、文部科学省の調査の結果中学校の方で反対の方が多いようです。いくつか理由もあるようですが、先生はこれについてどう思われますか?」

「僕はね、どちらかというと総合学習を推進する方の立場が多いんですよ。今年も教務やっているし、前の学校でもそれを進めなあかん立場にあったんで。だからやり方の部分でいうと、体験重視。体験をすることは、決してマイナスじゃないんで。今の子どもは実体験が少ないから、積極的に取り入れていかなあかんし、教科の授業の中ではそういうことなかなか難しいからね。で、ましてや、外部の色々な人たちも来てもらって、手伝ってもらったりするとなると、授業の枠の中では限度があるから。そういう部分で、『総合』と教科授業を切り離してしまうから、批判的になるんであって、本来は『総合』と授業のどこでリンクさせることができるのかということで、もう少し前向きに『総合』というものを、活用していくように考えていけば、メリットの部分が多いんですよ。だから、そのあたり、考え方次第やと思いますね。だからよくクロスカリキュラムと言われ★9ますけれども、そういう形で、『総合』の時間に教科を絡ませていく、また逆に、教科の中に『総合』の視点を入れていくというようにすれば、相互に補完する部分もあるんで、もっと有機的に活用できるはずなんですけどね。だから、『総合』っていうものを積極的に取り入れる中で、どう作っていくかという視点に立たないと、上からやりなさいと言われているからやっているということでは、なかなかプラスの部分では難しいと思います」

「多くの先生は負担が多いと感じていることについては？」

「いえ、僕は面白くやったらええやんと。要するに型にはめるんじゃなくって、ある程度のラインの部分は、評価の部分とか型にはめざるを得ない部分もありますけれども、もっと各学校に合わせたかたちで、子どもにプラス

★9　クロスカリキュラムとは、あるテーマについて複数の教科や科目の内容を相互に関連づけて学習するカリキュラムのことである。特定の教科の内容にしばられず、複数の教科の知識やスキルを横断的に活用し、テーマについて様々な角度からアプローチすることで学習効果を上げることが期待される。

になるようなかたちで、枠にとらわれない面白さをもっとつけていったら、いいんじゃないかな、とそういう考え方ですね」

「あと、その総合学習と基礎教科の関連づけなんですけれども、先ほど、理科の授業の中でも課題研究を取り入れていったりとか、そういう関連づけがあるかとは思ったんですが、今ある総合学習と教科との関連は何かありますでしょうか？」

「どちらかというと、その逆のパターンで、期待をしているんやけど。つまり、限られた『総合』の中でできることを補足するようなかたちで、理科の授業の中に『総合』の手法の部分をあえて入れているんですね。だから、課題研究は……、そら、めっちゃしんどいですよ。教師の負担は大きいんですけど、あえて、それをする中で、要するにコンピュータもどんどん授業の中に入れていくという。で、コンピューターを使って、プレゼンテーションをする。一応文書で書かせるというので、レポートは作らせるんですけれども、作らせたレポートを今度はプレゼン用に組み替えていく。その中で『総合』の発表につなげていくようなかたちで、それを実際には意識して入れるようにはしています。『総合』の方でなるべくスムーズに進められるように。まあ、教科の方は具体的に課題を提示しやすいんでね。『総合』の方は、漠然としている部分が多いんで。それと、学年全体、学校全体を動かすことになるんで、なかなか小回りはきかないですから。その部分は、教科授業のクラス単位とか、班単位とか、個人単位の動かし方になるんで、教科の教師としてはちょっとつらい面はありますけど。ある意味では融通のききやすい部分があるんで、『総合』の方でなるべくつなげられるような部分を、教科の方でやってということは気をつけていますけれどね」

クロスカリキュラムという言葉が自然と出るように、今村先生は、教科と総合の関連づけについても積極的な立場を取っており、校内でも先鞭をつけてその実践に取り組んでいる。クロスカリキュラムやプロジェクト（課題探求）型の授業にここまで熱心な教師を筆者は大阪の中学校現場では他に知らない。

入試に出る部分も授業の中で繰り返し繰り返しやっていく

最後に、高校入試と「生きる力」について考えを聞いてみた。この質問に対する、今村先生の回答は、教科で教える「基礎」と「発展」の先生自身の区分に基づき、今村先生がどのような力を生徒につけさせたいかを知る上で大変参考になった。

「あの……まあ、入試は入試で僕は割り切っています。テストの点数をとらす勉強というのは、割り切って、授業の中で展開していきます。だから、理科の教科の面白さは面白さとして置きつつ、授業の中でここは定期テストに出ます、ここは入試に出ます、あるいは出ませんっていうのを、はっきりと子どもたちに示しています。

三年生を持つことも結構多かったんですが、入試の場合にはやっぱり結果が問われますし、相対評価の中での入試制度になってるんで、つねに授業では、三年生の入試を必ず頭の中に入れながら授業展開をしています。ここはテストに出る、せやから覚えなあかんよ、というかたちで、細かく割り切った状態で、子どもたちには、教えていますね」

「試験対策の勉強は勉強で、課題研究のような勉強もそれはそれでやるということですね」

「うん。もちろん課題研究も点数化して、その点数を教科の成績の中に入れています。で、ああいう自分の調べたことを発表させるということでやっているから、これは高校に入った後、必ず子どもたちにプラスになるやろうと思っています。これは、ただ点数とれて入学したからよかった、ということではなくって、入学して、その中で自分の力を出すためには、そういうプレゼンまでの流れを経験させておくというのは、決して無駄ではないですね。だからそれについて十分時間をとるような形で取り組んでいます。保護者の方から、それについて批判はまず聞いたことがないし……。

実際に、理科の授業というのは膨らましていったらきりがないですから、いろんなところにそれを膨らませて理科を面白いというふうにさせるというのも一つの教え方ではあるんですけれども……、僕はもうあえてそこは切り捨てて、入試に関しては、入試に出る部分、必要な部分だけを授業の中で繰り返し繰り返しやっていきつつ、もう一方で、得た知識をどうつなげて発展させていくのかという部分については、いろんなところへ子どもが自分の興味を広げるという方向で、発展的な学習をさせていけばいいという考えがあるんで、先ほども言いましたけど、個人の研究に絞ってやらせています」

ただ、その方法も、それがベストだという自信が百パーセントあってのものではないと、今村先生は言う。自分は、今まで理科の指導方法について大学できちんと学んだわけではないから、というのがその理由である。

「僕は、きっと他の人とは違うんだろうなあ、というのは自分でも思うんですが。まあ、教師といっても、もともと（教育大学ではなく）一般大学の教職課程で四年行って教師になっているんでね。理科というものを教えるというところでは、ほとんど経験をしてきてないんですよ。

他の先生で言うとね、教科書の内容の基本を教えた後、残った時間で、それぞれの専門分野についてどんどん深めていったり、独自のプリントなんかを用意したり、いろんなことを教える先生も多いんですよ。でも、僕はそれをしないんですよ。もちろん、僕も、自分の大学で研究室で専門にやった理科というのはありますけどね、そんなん中学で教える内容ではないしね。

だから、基本的には、中学校の理科って何が必要やねんって言うたら、大きく言うと、まあ、入試があるから、最低限入試にとっての学力面は保障していかなあかんなあって思います。だから、教科書の基本の部分をぼくは忠実に教えていますしね。でもあと、プラスアルファについては、極端な言い方をすれば、それぞれの先生の趣味の世界に入ってしまうからね。子どもの全員が生物学者になるわけでもないし、物理学者になるわけでもないし、ですから、基本として教える部分は必要なものに絞り込んで、あとプラスアルファについては、もっと応用の利くというか、社会に出ていったときにある程度融通の利くような部分を大切にした方がええんちゃうかという、それだけなんです」

その、社会に出て「融通の利くような部分」というのは、既に述べた、今村先生が取り組む課題研究や「総合」を通しての、自分で課題を設定して、調べ、それを発表するというスキルを指している。

「教師の専門分野の方を授業で深めていくんやったら、生徒が自分で興味あるものを（課題研究で）深めていった方が、それが将来にとってつながっていくことやし、こちらから教えて深めていくものではないと思うから、だから自分が何を知りたいのか。基本的な知識はこうですよ、と。例えば自分で生き物をもっと調べたかったら、生き物をもっと深めるように、ある子は化学変化が好きやったら、それをもっと深めていくという、それぞれに対するアドバイスはするけれども。あと、限られた時間の中でどこまで行くのか、それはもう個々の生徒にまかせるという、そういう考え方を僕はしていますから」

時々、数学の苦手な生徒が、「先生、関数……グラフとか勉強して、私幸せになれるん?」っていう子もいてます(笑)。「どう思う?」って私は他の子に、返すんです。

山崎先生(数学・五十代男性)

山崎先生は、今回のインタビューの中で、最もインタビューがしにくい人であり、かつ楽しい人であった。質問を投げかける、その質問に応じた答えをもらう、これがインタビューの基本だが、山崎先生の場合、どんな質問を投げかけても、自分の数学の授業のことへ話題が流れていく傾向があった。それだけ、数学の授業を愛しているということであり、自らを第一義的に「数学の教師」として認識していることの現れでもある。調査当時で教職歴三十二年目となるこのベテラン教師は、常に笑顔で、表情に幸福感が滲み出ている人である。現在の勤務校を入れて市内の五校に務めてきたが、現在の勤務校は自分が学んだ母校であり、そこで教職を終えられることが何より幸せだという。退職後は、夫婦でニュージーランドに移り住む計画を立てているという。

下足箱で靴をはきかえたところから、家まで何歩かかるか数えてみて

「『生きる力』という概念は、先生のお仕事の中で、重要なものとして位置づけられているでしょうか?」という質問に対して、山崎先生は、「どれだけ意識しているかと問われると、難しいのですが」とはにかみつつ話し始めた。

「……どう言ったらいいか、『生きる力』というその言葉について聞かれると、どう答えていいか迷うんですが、数学の授業を通して、子どもたちに、数学を学ぶことっていうのは、非常に生活に密着した学問なんだという説明はしているんですけれどね。例えば、私は、数字が非常に好きで、小さい時からね、階段上る時にも、自然と気がついたら、階段の数を数えていたりとかね。だから、中学校に入学した生徒とか、新しく受け持った生徒には必ず三日間宿題を出すんですね。今日は、宿題を出すよ、と。下足箱で靴をはきかえたところから、家まで何歩かかるか数えてみて、と。そうすると、ふだん自分が通っている道が何歩ぐらいの道なのか分かる。そして、二日目数えると、また、何歩か違うんですよね。三日目になると、どちらかの数にそろえたくなる。そういった気持ちの変化とかね。自分の家と学校との真ん中はどのへんだとかね。道が何本かあれば、どの道が近道だとかね。そういったことに関心を持っていくことも、自分の目標を何か決めて取り組んでいく時にもつながると思いますしね。

それと、一人で人間が生活し始めた頃、その頃には言葉もいらなければ、数字もいらなかっただろうけど、物を交換し始めたりすると、数えるということが大事になってきて、一、二、三、たくさんとかね。また、子どもができて、この一つのものを、二人で分けなさい、三人で分けなさいという時に、分けるというところから、分数や小数が生まれてきた話とかね。……私は、数学の歴史と、赤ちゃんで生まれた人間が、数字を覚えていく歴史とは、非常にタイアップしていると思うんです。そういう数字の世界の広がりと、人間の生活の広がりとが非常につながっているね、というふうな興味づけをすごくよくするんですよ。で、そういうところで、生きていく、生活していく

中に、数字の世界というのは、すごく深いつながりがあるねと、そういった話はよくしますね」

右のように、山崎先生の話は、質問の答えとして、「私は○○だと思う」という答えではなく、だいたいにおいて、先生が授業でよく話す話や生徒とのやりとりなどのエピソードが返される。それは、聞き手を数学の世界へと誘う物語であったり、臨場感たっぷりの授業風景であったりする。聞いている時は引き込まれるのだが、こうやってテキスト化すると、「では結論は何?」ということになり、調査者としてはやや扱いにくく、正直、変なインタビュー内容だなあと何年も思い続けてきた。しかし、今、このようにインタビューから数年経って筆者自身が認識したのは、教師の中にも、色々なタイプの語り方が存在するということである。質問に対して、「私は○○だと思う」という端的な言明ではなく、情景描写やエピソードを通じて回答するというのも一つの方法であり、山崎先生は意図せずにそういう語りのスタイルを取っている。

授業でのやりとり

「数学の授業の中で、『生きる力』を育てるといった時に、どういう能力を育てることが大事だと思いますか?」

「あの……そうですね、ええっと、いやちょっと緊張していますけどね(笑)。少し的外れかもしれませんが、意識しているのは、よく、数学者の話を入れるんですね。今回学習するこの内容は、こういう国で生まれた、これこれの時代の数学者が発見した内容で、その数学者は実は、こういうエピソードを持っているんだよ、とかね。

それから、教科書に詳しい説明が載っている時でも、場合によっては、教科書を閉じて進めたりします。数学というのは、規則性が一つ必ずあるから、自分でその規則性に気づいたり、発見したりする時の喜びを数多く楽しんでほしい、とか。例えば、今日の三年生の授業で、素因数分解をやったんですね。ここでは、まず素数という勉強をしましょう。素数の説明をする前に、まず先生は数字をいくつか書くから、次にどんな数字がくるか、想像してね、と。二、三、五、七、十一。さあ、次にどんな数字がくるかな？　その時点で、とくに素数の説明はしていないのに、二、三人は手が挙がるんですよね。で、（手を前に出して）「じゃあ、まだ言わないでね」と言って、「もう少し考える時間とるから」と。そうすると、また二、三人手が挙がるんですね。その時点で、「じゃあ、言ってみて」と。そうしたら、違う数字を答える子もいてるんですよ。もちろん正解は十三ですが、「十二」と答える子もいる。その時は、でも、まだ説明しないんです。「いちおう正解は十三です。じゃあ、次の数字を考えてみて」と。そうすると、だんだん手が増えていく。で、ある程度、二十三ぐらいまでいった時に、「じゃあ、説明できる人？」って聞く。そうすると、何人か手が挙がって、「先生、一とその数でしか割る数字がないんや」と。「じゃあ、他の人どう思う？」と。すぐには、認めないんですね、「そうや」とは言わない。じゃあ、次どうぞ、って言って。そうすると、何人か意見を言うなかで、同じ意見が重なった時に、「じゃあ、同じ意見があるということは、数学者が発見した考えに近いかな」と、ここまできてようやく、じゃあ、教科書をちょっと開いてみよう、とかね。

できるだけ、子どもに発見させるような。で、今日は自分が新しい発見何かできた、というようなそんな達成感、今日も学習をした！という気持ちが残るような授業、それが一つなんとなく、『生きている』ということにつながるかなと……まあ、うまいこと言葉で表現できないんですけれどもね、そういう自分で、主体的に勉強できたというような部分、それを追求していますね」

関数……グラフとか勉強して、私幸せになれるん？

右のように、生徒が自分で発見する喜びや達成感が持てるような授業づくりを山崎先生は心がけており、それが生徒たち自身の「生きているということ」につながると話した。この「生きているということ」というのは、おそらく「生きる力」というインタビューの主題につなげての発言のように思われる。

山崎先生の語りのスタイルでは、また一つ気づかされるのは、質問に対して、何かを断定するような口調ではなく、授業での対話場面を引き合いに出すなど、対話的でオープンな答えを返すことである。対話的・多声的な語り（池田　一九九八）と言ってよいかもしれない。以下、再びインタビューの続きだが、ここでもそのような対話的・多声的な特徴があらわれている。

「発見する喜びや達成感を持てるようにということを重視されているんですね」

「はい。で、そのためには、楽しく。私自身も楽しく、楽しい数学の勉強をしているよ、というようなね。自然と私も笑顔になるんですけれども。それが心がけていることですね。時々、数学の苦手な生徒で、『先生、関数……グラフとか勉強して、私幸せになれるん？』って言う子がいてます（笑）。『どう思う？』って私は他の子に、返すんです。『代わりに答えてくれるか？』と。『僕もそう思う』とかね。また、別の子がね、『そんなことないで、これが役に立つかどうかって、やっとかないと分からないで』とかね。『おっ、すばらしい』とね。時々授業を中断して、そんな話をすることがあるんですよ」

「『役に立つん？』ではなく、『幸せになれるん？』という質問が面白いですね」

「また、私の色々な旅行の経験も交えてあげるんです。で、例えば、今から二十五年ほど前に初めて行った国では、三ケタの足し算ができれば、とりあえず小学校卒業みたいな。その国ごとの文化水準ってありますやん。生活の中で、買い物ができればね、とくに三ケタの計算ができれば、十分生活していける、そんな国もある。雨が降ったら、その日は仕事お休み、という地域もある。でも、君たちは今、この日本で生活していて、三ケタの足し算までできれていればそれでいいか、というと、そんなわけにはいかない。まあ、そんな話をしてあげたりね。例えば……これは、もし違っていれば教えてほしいんですがね、欧米のお店で買い物をした時に、レジの人は、引き算は日本独特の計算方法で、足し算を利用して、お釣りを渡している、というんですよ。例えばこの品物を買って八百円だとして、千円出されたら、ふつう、日本だったら単純に引き算をするところだと思うんですが、むこうは、九百円、千円……と、あずかった千円になるように、品物の値段にお釣りを足し算して、お釣りを計算すると。そう聞いたんですが、それは事実かどうか自信がないままに、そういう話を子どもに言うことがありますね。だから、国によって、文化、生活習慣が違えば、君たちが学んでいる計算も、まずここまでの計算は必要だとか、そういうことがあるよ、と。だから、君たちがいま中学で勉強している数学が、どこまで生活に必要かというのは、一人ひとり違うよ、と。その人がどういう仕事につくか、どういう地域でどういうところで活動するかによって、どこまで必要かって違ってくるから、学べる機会に精いっぱい学ぼうねって私は言います」

いつも数を使って話してしまう

山崎先生は、数学をできる限り日常生活に結びついたものとして説明しようと考えているようである。次もそうした話の一つである。

「例えば、この前、修学旅行から帰ってきたんですけれども、修学旅行中の取り組みでオリエンテーリング（あるエリア内に、チェックポイントを複数設けて、生徒に班単位で回らせるゲーム）をしている時に、オリエンテーリングをする場所の中に、どういう施設があるか、どういう見てみたいところがあるか、チェックポイントが何個あるか、その中で班として相談して、絞り込んでいって、一つでも多くまわれるような行き方を計画させるとかね。

そこには、非常に数学的な、合理的な考え方が必要になってくるんで、そういうところでは数学を使えよーっていうような言い方はしましたけれどね。ははは。例えば、こっちの方は坂になっているよ、それを上っていくコースをとるのか、下っていくコースを選ぶのか、とかね。こっちとこっちとこう行きたい時に、どう回れば一番いいのか。また、長崎のチンチン電車乗るのんで、どういう行き方をすれば一番チンチン電車で使うお金が少なくてすむかとか。どういう行き方でいけば、時間的にゆっくりまわれるのか考えてごらんとか。そういう話はあえて、数学的に考えろと言いましたけど。

あと、よく学年の集会で、一六八人の前でしゃべる機会が多いんですけど、どういう話の仕方をすれば、一番心に、脳裏に焼きついてくれるかなあと。今日は三つ話するよ、とか。そういう口調になったりしますよね。私は、意識の時、無意識の時両方ありますけど、あとで終わってから生徒に聞いたら、『先生今日は、こんだけ言ったね』とか、『あの数字が頭に残った』とかね。あ、やっぱり私は無意識に、自分の話の中で数字をいっぱい使ってたんだなあとかね。例えば長崎の話をする時に、二十七年前に実はどこどこへ行ったよとか、今年は原爆の落とされた夏から六十一回目の夏ですねとか。やっぱり、数字が多いんですよ。数字に関心のある子は、やっぱり数字が頭に残るらしいですね」

その子その子に合った発問・課題

「生きる力」との関連で、山崎先生は、生徒が自ら発見する喜びや達成感を持てることを大事にしていることを既に挙げた。先生は、そうした喜びや達成感を誰もが持てるように、発問の仕方や課題の出し方にも工夫をしていると言う。

「一つの時間の中で、三十四人いますから、その子、その子のレベルに合わせてね。とくに今は三年生教えてますので、一年から二年間見てきてますので、この子はここの力は強いけど、ここの力は弱いわっていうのが、ある程度分かっているので、それぞれの子がちょっと背伸びしたら答えられるような質問の仕方は意識していますね。実際、まだ九九の苦手な子もいてます、三年生でも。例えば、小学校時代に特別支援学級に在籍していたけど、中学校入ってからは、通常学級で勉強している子もいますので、その子が数学の授業になると、『もう分からへん、いやや』という思いをしないように、そういう努力はし続けていますね」

「一人ひとりの子がなんとか答えられる質問、ということですね」

「そうですね。今日の授業の素因数分解のところで使った問題で、教科書の一番後ろに『次の数はどんな自然数の平方ですか?』という質問があるんですよ。例えば、一四四はどんな自然数の平方ですか、と。そうすると答えは十二の二乗ですから十二が答えなんですね。教科書はそこまでの問題なんです。基礎・基本にプラスして、ちょっと考えてみよう、みたいなかんじで。やはり、すぐに答えを見つけて、書けるメンバーも何人かいてますのでね、じゃあ、最後の最後に一つ挑戦問題を出すよ、と、その場で別の問題を作って、やらせてみるんです。で、今日、実際にやったのは、例えば、六七五をある自然数で割った答えが、ある数の平方になります。割る自然数は何でしょうか。それを言うだけで、これはちょっと難しいぞ、と。答えは、四通りだったかな、五通りだったかな、一通りではないのでね。さっと、答えを書いて、私のところに持ってこようとした子がいたものだから、『いいよ、いいよ、座っていいよ』と、で、『いくつある?』ときくと、『四つ』って言うんですよ。ああ、この子はかなり分かっているなあと。で、この問題というのは、教科書には当然、出ていない問題で。今、授業で使っている問題集にも載っていない問題だったので、時々、そういうチャレンジをね、こちらに食いついてくる、もっと問題出してよっていうようなメンバーも意識した問題も入れながら、分からない子に分からせる努力もしているんですけれどもね。だから、数学が得意でさらに次の挑戦を待っているような子にも応えていかなあかんし、できるだけ退屈しないように、一つでも解こうとがんばれるような授業をね……それが学習指導要領の文章にあてはまったものなのかどうかは自分では自信ありませんけれども、できるだけ、一人でも多くの子にやる気が持続できるようには、意識はしています」

「学ぶことに対して前向きになるとか、好奇心を持つとか、そういったことが大事ということですね。新しいことにチャレンジしていくとか」

「結果として、新しい発見を自分ができたとか、そういう喜びがあれば、そういう思いを持つ子が増えるだろうと思います。逆に、分からなくてくやしい思いをして、家に帰って調べて、くいついてきたという生徒もいるし。また、数字なんて見たくもない、というような子に、じゃあ、次、どうアドバイスしようかなあとか。そういう悩みはつきないですけれども。おっしゃられた点については必要だと思いますね」

ああ、兄ちゃん。今日も来たんか。

「数学のことについて、ずいぶんお聞きしたのですが、もう一つこの学校で取り組まれている『総合』の取り組みで、子どもの『生きる力』を育てていくという時に、先生が特に重視されていることはありますか?」

「ありますね。ただ、悩んでいますね。やはり、自分が経験していないこともたくさんあるから、できるだけ、まず自分が経験して、自分が調べて、自分が体験して、それで伝えてあげたいというふうに意識しているかなあ。非常に忙しいなあという思いがあるのは事実ですね。例えば、地域とのつながり、といった時に。これもはるかに十年ほど前ですけれども、これからはそういう地域とのつながり、地域の方から学んだりだとか、そういうことを考えた時に、偶然なんですが、私は当時釣りに興味を持ちましてね。海釣りではなくて、池や川での釣りなんですけれども。自分が生活している近くの池や川にね、朝、五時半とか六時に行くんですよ。仕事に来る前にね。そうすると、毎朝そこで、出会っちゃう老人がいたりしてね。名前も知らない中で、『ああ、兄ちゃん。今日も来たんか』と。その老人からすると、私は『兄ちゃん』なんですね、うれしいことに(笑)。『どうや釣れるか』とか言いながら、『おじさんはどうされてるんですか』と聞いたら、『わしは鯉を釣ってるんや』とか言いながらね、『兄ちゃん、ところで、この池はなんでできたんか知ってるか?』と言われてね、地元の方なんで、色々教えてくれるんです。私は新しく家を買って、来たばかりなので、そこの地域のことは知らないんですよ。そういった地域の歴史のこと、この池の歴史のこととかね、周りがどうだったとかね。

で、ある時、そのおじいさんは、『ちょっとついておいで』って、竹藪に行って、タケノコの採り方を教えてくれたんですね。『これ、ここのタケノコは掘っていいんですか?』って聞くと、『これはなあ、離れた市の調整地やけども、誰もけえへんから、ええねん』って。『掘ってあげた方が、竹藪にとっても、いいんや』とか言うて、少し疑問を持ちながらも、タケノコ掘りなんて、経験していないことを経験しながら、あるいは、『ちょっと今日は話を聞いてくれよ』なんて言うので、『何ですか?』って尋ねたら、『家族はもう飽きて聞いてくれないんや』と。『わしな、戦争に行った話をしたくてな』。その方の人生、その方の生い立ちや戦争体験であるとか、そういったことを、詳しく話ができるとかね。しかも、私は自分の住んでいるところで、そういう話を聞くことで、私は地域の方と語っているんやとかね。地域の老人の方の話し相手になっているんだとか。私の子どもが、地元の小学校、中学校に行っていて、近くの方がＰＴＡの役とかをされたりしているので、父親料理教室にさそわれて、行ってみたりだとかね。私自身が、自分の住んでいる地域に関わることが、ちょうど重なったので、非常に、迷うことなく（生徒に）君らも、この中学校区の、この町で生活している以上はいろんなことを学んでいってほしいと。この中学校は、先生が通っていた時は、駅からこの中学校が見えていたんだよ、っていうような話を入れながら、じゃあ、君たちは自分が住んでいるところの近くにどんなお店があって、どんな人が住んでいるとか、どんだけ言えるかな、とか。そういった話も交えて、まあ、訴えることができる」

ここで山崎先生が伝えようとしている要点は、おそらく、子どもが地域について学ぶという課題があるのであれば、まず、教師自身が実際に地域の人とふれあい、そこで感じたことや学んだことを自らの体験として語れるのでなければならないということである。山崎先生自身、この地域の一員として自らを捉え、生徒に身をもって語れるようになりたいと考えている。

「で、地域だけじゃなくて、総合学習ですから、教師と生徒の関係の中の学習だけじゃなくて、生徒同士の学びあいとか、地域の人に来てもらって、聞き取り学習であるとか、そういうのは、なかなか、今の地域に住んでいるだけでは学べない内容があるので、必要だとは思います。でも、やはり、身をもって、教師が聞いた話として伝えるだけではだめだなあと実感しているんです。教師自らがそういう経験をして（伝えないと）、この間も、この中学校区の方のところにお邪魔して。私は家庭訪問が好きなんですね。家庭訪問が好きな理由は、学校での生徒の姿で、見られない姿を見られる。また、行くと、おじいちゃん、おばあちゃんがいてはって、ついつい、お話をしてしまう。そしたら、この地域の話とかもまた聞けます。だから、伝えることが増えますし。ちょっと、抽象的になりましたけど、総合学習で、子どもにこれだけのことを教えようと思ったら、教師はこれだけのことを知らなあかんなあと。ただ……しんどさはありますね」

総合学習というのは、人間形成やと思う

「子どもが地域の人から学ぶ機会がたくさんあると思いますが、そういうところで、こういう力を養ってほしいというのはありますか？」

「特別に、総合学習の時に、というのではなく、日常の授業の中とか、日常の挨拶運動とか、日常の委員会活動の中からつちかわれているものがまず土台としてあるんやと思います。で、例えば、今の三年生の子たちは、今の一年の時に、誰かと出会ったら、『おはようございます』とか、話を聞いたら、拍手で返すとか、そういうことは、一年の当初から、当たり前のようにしてきたので、おそらく、廊下で三年生にあっても、『こんにちは』とか、自然としてくれるし。それは、自分の地域に帰っても、地元の人間関係の中で活かされると思いますので、話は広ってくれてるんちゃうかなあと思いますね。やっぱり、日常のそういうことがなくて、いきなり『今日は、地域に行くから、地域に行って話を聞いてこい』というのは無理やと思うんですよ。家庭の中で、朝起きて、『おはよう』とか。そういう一声から始まるということが、私が校区で家庭訪問していても、乏しくなってきていると感じるので、責任のなすりあいでは解決しないので、日常の中で、そういうことを入れていく必要があるとは思いますね」

「コミュニケーションの力ですね」

「そういう意味で、私は総合学習というのは、人間形成やと思うんです。コミュニケーション一つとっても、苦手な子はいますよね。本当に、人見知りするだけじゃなくて、寡黙になる子。ふだん、学力的な面では全くしんどくないけど、そういう面では全く積極的にやっていけん子。そういう姿をほかの生徒が見れるチャンスというのがあるし。だから、グループ学習というのは、非常に大事だし、小集団、学級集団というのが、いい刺激を与えてい

っているなあと。これは、数学など教科の授業なり、各教科の授業なり、そういうところでは限られてしまうので、非常に短いですけれども、総合学習の時間の役割は大きいと思います」

観点別の評価——私の中で迷いがあります

話題を評価の問題に移し、特に観点別評価に関してどう考えているかを先生に尋ねた。

「ここ数年、若い先生方と話し合ってきて、この学校として、二年前に全教科、全学年の評価基準がつくってあるんです。そして、その見直し作業をやっていこうということで提案させてもらっています。例えば、計算を解くのが苦手、だけども、さっき言った数学者の話とか、数学の話については目を輝かせて聞いてくれている子、参加してくれる子。教科書の内容については首をかしげて、何か発見するという部分では自分も何か発見してやろうみたいな部分で参加してくれる、まさにそれが、どんだけ興味を引き出すか、意欲・関心の部分だと思うんで。それは必ず授業の中で確保したいなあと。だから試験問題も、できればそういう問題は、一問でも二問でも出す工夫はしているんです。持ち物に関しては、忘れ物をせずに多くの子が持ってくるんですけれども、つまらなくなると何も持ってこなくなる子も出てくるんでね、分からなくても必ずファイル、ノート、教科書、ワークブックの四点セットは持ってき続けるという姿が少なくとも、意欲を持続していることかなあと思うんで。例えば、ワークブックなども授業で使ったり、時には、定着させるために、時間をおいてもできるかどうかが大事だから、今日はこのページを家庭学習でしときなさいと、宿題を出しますよ、と言いますね」

「意欲・関心の点数にそれが入るわけですか?」

「そこは私、ここ四、五年すごく悩んできたんです。教科によって、評価の特異性があって、実技を重要視する教科があったり、協力や話し合いを重視するのがあったり。数学の場合、そういう部分よりも、どんだけ理解しているかということの方が、どうも大きく捉えられますね。それと、数学の評価が数学の理解の評価なのか、きちっとノートを出している、きちんとワークを出したというところの評価なのか、よく四、五年前までは悩んでいたんです。で、最近はどうしているかというと、学校としての評価のつけ方の統一性からね、テストの結果だけじゃなくてね、日常の意欲・関心の部分で平常点を必ず何割かは加味しようということで、それは当然だなあと思います。

数学の現状でいうと、何割になるのかな、学期によって配分は違うんですけれども、一学期でしたら、定期テストが二回あります。百点が二つと、そこに平常点が三十点入ります。だから二三〇点を百点換算して、成績をつけていますね。で、その三十点というのは、ノート点検であったり、ワーク点検であったり、ファイル点検であったり、になります。その時にも、だいたい一回五点満点ぐらいでつけているんですけれども、中身の不十分な子がいましたら、その子については、今日の時点で五点のうち三点だけれども、あと、この部分をもう一回やって持ってきたら、考えるね、ということで、基本は全員五点つけれるような指導をしている。ただ、学年一六八人いますけれど、最後まで出ない子は二人だけですね。あとは全部出しますね、少なくとも数学に関しては出してくれますね。それでいいのかどうか、悩むところはあるんです。指導要録で、興味・意欲・関心というところは、私は自信を持ってAをつけてあげるんですよ。その子がちゃんと授業を聞いている、私の問いかけに反応を示してくれている、当然Aつけてあげます。しかし、それを通知表の評価に入れることが、数学の理解につながるのかどうかに関しては、ある程度納得してはきたけれども、まだ若干の迷いはあります。数学という教科ってなんなんだろう？　数学をどれだけ理解したかということが一番大きいんじゃないかな。どうも、そこが私の中で若干迷いはあります」

補習したくても時間がとれない

「『総合』の話に戻りますが、……『総合』について、中学校の教師の方が消極的との意見についてどう思いますか?」

「私自身も新聞等もよく見ているんですけどね。で、結構アンケートとか見ると、教師の意見の中には、あなたが今おっしゃられたようなマイナス部分もあるのですが、でも、意外と生徒の方はそうではないんですよね。保護者もね。だから、そういう生徒の思いや、保護者の思いを我々は十分聞いていかなければいけません。で、先ほどの教師の意見ですけれども、それは先ほど私が言ったように、そうした意見を出されている先生にとって、非常にその負担が大きいんじゃないかな、と思いますね。一方で余裕がなくなっているんじゃないかな。物理的な余裕のなさは私も感じます。それは、私も十年、二十年前までは、数学の苦手な子、分からない子をよく集めては、補習をしました。今、ほとんどできません。それが現状です。その子に直接ついて教えてあげれる時間がとれないのは今の学校の教育現場の現状です」

「それは、会議など打ち合わせに時間がとられるから?」

「ますますひどいですね。例えば、二年前までは月に一回は学年で生徒を三十人ぐらい集めて、学年の教師で補習をしていたんです。去年からはその日程がとれなくなったんです。今年も一度もとれない。とにかく時間がないです。で、最近の学年の会議でも、六月は絶対一日はとりますよ、って私は言ったんですよ。で、私はどうしてるかっていうたら、朝八時から勉強会しているんです。自分のクラスだけやっていたら、気を遣うんで、学年のどの生徒も来ていいよっていうかたちで声をかけているんですけどね。まあ、それが現状ですわ。物理的な時間が、非常に、圧迫されているように思いますね。それは理由があるんですね。やっぱり総合学習しようとすれば、計画を立てる。その計画を進めるためには、打ち合わせがいる。あるいは、そこに訪ねていかなければならない。それが全部付随してきますから。これは、本当に（個別に）勉強を教えてほしいと思っている生徒には、十分応えるための物理的な時間がないですね。だけど、そのことを捉えて、基礎・基本を十分に教えることができない、というのは、私は短絡すぎると思うんです。やっぱり、それは授業の中で、基礎・基本の定着を図る、授業の創意工夫というのは、それは教科担当の責任でやらなければいけないと思います。あれもこれも、どうも広がってしまう。基礎学習って言い始めると。例えば、教師というのは、去年あの学年でこれしたから、今年はさらにそれを越えようとか、そういう意識を持ちますね。で、なかなか、こう広がっていくけれども、なかなか、その中でこれだけをしようというふうにはなりにくい。それは教師の性（さが）でしょうかね（笑）。それがだんだん、混乱、錯乱を生んでいくんじゃないですかね。それが現状です。たしかに、いろんな悩みはありますよ。より子どもに、こんなことを教えてあげたいとかね。そして、それに食いついてくる子どもを見ているだけにね。ついてくるだけで精いっぱいの子も確かにいますけど。それが苦になって、学校を休む生徒とかも、いないとは限らないし。ただ、子どもとしては（『総合』で）たくさんの人に出会えて、たくさんのことを聞けて、成長はしていると思いますけどね」

「総合学習はやはりしっかりしていかなあかんと？」

「そうですね。ただ、整理はいると思いますね。例えば、学校が地域の人が活動しやすい場所として、学校の施設を開放したり、また、それで、地域の人材の掘り起しも学校が協力して、これは当然必要やし、役に立つと思います。徐々に地域の教育力が高まって、地域の色々な協議会なり、地域のいろんな活動が活発になってくれば、だんだん、そちらに割合をゆだねていく。それは、学校が、教師が手を引いていくということではなくて、本来の、私たち自身の地域の活動に戻っていけば、比重配分は今は学校の方が大きく呼びかけをしていますが、そうなっていけばいいと思いますね。でも、それは時間がかかるでしょうね。でも、言っているうちに、ゆくゆく私がもう十年もすれば、ニュージーランドに行くかどうかは別として、教師をやめて自分の家の近くで生活すれば、自分が地域のそういう一人になっていけばいいわけですからね」

インタビューの最後に、「すごく楽しそうに授業のことを話されますね」と感想を述べた。最初から最後まで、語りの中に幸福感があふれていた。

「教えることが非常に好きなんです（笑）。だから、この三十二年間、数学を教えることがいやと思ったことは一度もないしね。不思議に、学校に来るのがいやだと思ったこともないですね」

「すばらしいですね」

「ただ、三十二年前、教育実習で学校に行くまでは、一番なりたくなかった職業でしたね。だから、人間って分からないですね」

小嶋先生（数学・五十代女性）

基礎学力はどんな部分でも大事、これが自分の血となり肉となり、将来が開けるんやで。

二〇〇二年から現場はどうなるのかが不安だった

小嶋先生は、調査当時すでに五十代後半の大ベテランの数学教師であった。本書のインタビュイーの中では、松田先生と同じ中学校、同じ学年で働く同僚である。小柄であるが、お洒落な服装をし、笑顔と明るい声が印象的で、こちらも楽な気持ちでインタビューをすることができた。

大学卒業後すぐに中学校教師となった小嶋先生は、今年で三十三年目だそうだ。その間、市内にある五つの中学校はすべて回り、今の学校での勤務は二回目だという。ちなみに、本書が完成した時、すでに小嶋先生は定年により、学校現場を去られている。

興味深かったのは、既に紹介した同僚の松田先生や山西先生と語りのトーンも内容も大きく異なっていたことだ。小嶋先生の方が、当時の新指導要領の考え方により受容的であった。教科で養われる基礎学力は社会を生きる上で必要不可欠だと捉えつつ、当時導入されて間もない「総合」で培われる「自分で調べ、発表する力」もまた同様に重要だと大切だと考えていた。失礼な言い方かもしれないが、新しいものに対する思考の柔軟性は年齢と関係ないのかもしれない。

インタビューの冒頭、当時の新学習指導要領が導入される前後の学校の話をされた。

「そうですね。二〇〇二年から現場はどうなるんだろうって。二〇〇〇年頃から話が出てきて、今後どのような授業展開になるのか、すごい不安がいっぱいあったんですよ。二〇〇〇年頃からかな、結構みんなで研究しあったりとか、話しあったりする場面が非常に多くて、カリキュラムも、数学の授業が週四回から週三回になったりとか、いろんな軽減された分が『総合』の時間になって。どうなるんかなあと思いながらも、いま、二〇〇六年を迎えていますが……。『生きる力』、というのは漠然としていますよね。何が『生きる力』なのか。やっぱり、基礎学力は必要でしょう。そう思うんですよ。教科の時間を減らして、自分たちで調べ学習したり、発表したりする力を養おうというようなかんじで謳われていましたけれども、『何をしていくんだろう』って現場はすごく混乱しました。

けどそれ以前に、A市は人権教育が割としっかり行われている市でもあったので、例えば修学旅行にむけての平和学習、平和を考えるということをテーマに学ぶ、そういうのを総合学習に回して展開していけばいいんじゃないかという話で、だんだん煮詰まってきて。ですから二〇〇二年から新たに新しいことをしてというのは、それほどないんです。今までやってきた取り組みを、その時間へ持っていく、というかんじで、各学校独自でも工夫してるかなあと思うんです」

右のような各学校の新指導要領への対応が進む一方で、小嶋先生自身は、「基礎学力」が大事だと感じつつも、「自ら調べて、発表する」力に対してもその重要性を認めるようになってきたという。

「で、『生きる力』の大前提はやっぱり、学力やと思うんです。基礎学力がない限り、考える力は養えないし、生きてはいけないしね。そう考えると、授業内容の軽減だとか、教科の授業が減るというのは一体どういうことなのかと思ったりもします。ただ、いま私たちが、『総合』の時間なんかで『生きる力』と言っているのは、やはり、自分で調べて、自分で発表するということ。私たちが子どもの頃には、そういう経験が非常に少なくて、ただ勉強ばっかりずっとしていた気がするんですが、今の子はやっぱりそういう授業の形態もあるのか、発表することを学んでいるし、自分の意思表示が割とうまいようですね。私らの時代とそこが違うなあと、それは、やっぱり今の教育の成果かなあという気はどこかしますけどね」

「ちなみに、発表が上手になっているということはどんな時に感じられますか?」

「それは、発表の時間が『総合』の授業の中でありますから、自分たちで調べたことを発表する場面があるんですけど、今、一年生の担当ですけれども、一番最初の頃に比べるとやっぱり、前に出て話をさせても、割とまとまって、前に立つとその気になって、しゃきっとしゃべれる子が増えています。あんまり恥ずかしがらずに、これをこのテーマでしゃべろうかっていうたら、ちょっと準備をさせると、割と的を得た発言をする子が増えてきているような気がしますね」

「それはいい傾向ですね」

「それはいい傾向やと思います。意思表示や、自分の思ったこと、考えたことを発表する力はついてきているような気がします。それが、『総合』の賜物なのかどうか、自分はよく分かりませんけれども」

将来を見つめて自分の人生を切り開く力かなあ

「先生は、『生きる力』という概念は大事だと思われますか?」

「それは、学校教育全体がやっぱり、将来生きていく力を培っていくもんやとは思いますよ、どの教科もね。すべての教科があってこそ、あの子たちの生きる糧になっていくんだというのは、それは思いますよ。どの教科もいるし、今やっている総合の時間の取り組みも、それなりにあの子たちの力になっていっているかなあと思いますけどね。すべてそれは、『生きる力』に関係しているとは、思いますね」

小嶋先生は、学校教育の全体が子どもの「生きる力」に対して働き、どの部分も重要なのだと主張する。では、小嶋先生にとって、「生きる力」とはそもそもどのようなものなのだろうか。中学校の教育はそれにどのように関わるのだろうか。

「『生きる力』とは?……それは、やっぱり、自分で物事を判断して、自分の将来を切り開いていける力じゃないかと思いますよ。それが、体育である子もいれば、数学が得意な子もいますよね、だから、それを自分なりに、三年間で、ある程度自分の個性を見出していけるようになる。小学校と違うのは、中学校は各教科をより深く学びますし、なんか、自分を見つめる機会もあるし、大人になりかけていますから、自分に何が合っていて、ということを選択していくためのいい三年間やと思うんです。だから、『生きる力』、いうたら難しいですけど、中学校卒業してどう生きていくか、高校行くかもしれへん、高校行った後どうするか、将来を見つめて自分の人生を切り開く力かなあと思いますね」

ここで小嶋先生が「生きる力」の中身として語りの中で強調しているのは、様々な教科の学習を通して生徒が得る自分の個性や能力についての「気づき」である。もちろん、小嶋先生は教科の学習で得る基礎学力そのものも大事だと考えているが、より現実的には、それぞれの生徒が、様々な学習場面での成功やつまずきを経て自分を多面的に理解することが重要であり、それに基づいて、さらに何を学ぶべきか、どのような進路を選ぶべきか判断できることが「自分の将来を切り開いていく力」になると考えている。

「先ほど、先生は、学力も『生きる力』の大きな要素やとおっしゃられましたが」

「学力……だから、まあねえ、得意な子、不得意な子ありますけれども、自分がどの点ではやっていけそうかという、自分で自分を発見するというのが大事やと思いますね。学力がなくても、まあ、教科全部苦手な子とかもいますけれども、その中でも、この分野はいける。五教科じゃなくて、技術かもしれないし、体育かもしれないし、そういう意味の大きな学力。国数英社理に限らずね、それはやっぱり大事だし、それをどれだけ伸ばせるかはさておき、それをあきらめないで、いまの勉強にむかっていく姿勢というのが、この子たちの将来に絶対大きく関係してくるなとは思うんですね。時折なげやりな子がいますけれども、そういうふうにならないように、私たち教師が頑張っていかなければあかんなあとは思っていますね」

この校舎を一つ建てるにしても、数学的な考えが絶対あるんやで

続いて、話題を教科の指導に移し、小嶋先生が数学の授業の中で「生きる力」を意識するようなことはあるか質問してみた。

「特にこれとは言いにくいですけど、やっぱり先ほど言いましたように、学力は、基礎学力はつけとかないと。子どもが言いますわ、特に数学を嫌いな子がね、『何で数学なんか勉強せなあかんかなあ。国語だけでええんちゃうん。小学校の足す引くとか掛け算、割り算でええんちゃうん?』って言いますわね。で、なんて答えるか。いつもそう聞かれると、困るんですけど、図形、いま一年の終わりで図形なんかやっていて、平行とか、垂直とかって建物をみながら、『家でも柱から建てるやろ』と、柱をもとに垂直やら平行やらっていう話をするんです、この校

舎を一つ建てるにしても、数学的な考えが絶対あるんやで、いろんなところに数学があるから、今も発展していることがある、その文化を知る権利はあるし、やっぱり知ってほしい。これ以後それが、覚えた方程式が将来使うとは限らへんけれども、いまその数学的な考え方みたいなのを身につけて損はないし、将来どんな道に進むか分からへんけれども、基礎学力はどんな部分でも大事、これが自分の血となり肉となり、将来が開けるんやで、と。そんな話をしながら、毎日の授業を、分かりやすくなるようにしているというのが努力していることです」

「なぜ数学を勉強することが大事なのか説明することは多いですか？」

「それは、年度の一番初めには必ずするんです。特に一年生が初めて入ってきた時には、算数から数学に名前も変わるし、数学ってどんなものやっていう話を簡単にして、じゃあ、頑張ろうなあって、算数苦手でも数学いけるよーって、話をするんですけどね（笑）。算数がね、文章問題が結構ひっかかるんですね。そういう文章問題も、方程式を使えば解けるじゃないですか。逆算とかしなくても、素直に式に入れてやれば、解けるという。方程式の計算はほぼ八割くらいできるんですよ、文章問題になると苦手になるでしょう。そのへんは、数学は、学問として整理整頓されているから、算数よりずっと分かりやすいはずやから、一緒に頑張って勉強しようなーって話をして慰めながら、やっているんですけどね」

あの子たちにとって、すごい衝撃的な体験やと思う

ここで、話題を「総合」のことに移した。総合学習の中で、子どもの生きる力の育成という点で、取り組んでいる活動は何かと尋ねた。

「この学校に来て、私は二年目でまだ分からないこともあるんですが、総合のカリキュラムの大筋の柱があります。

一年生では、今度二年になって行う職業体験にむけて職業調べをしたり、十人ぐらいの現在仕事を持っておられる方に来てもらって、仕事に関するいろんなこと、苦しみやら、喜びやら、そういう話の聞き取りをしたりしています。いろんな取り組みが年間通してあるんですけれども、そういう職業体験とかででも、どの学校でもやっているみたいですけれども、うちの娘なんかは、職業体験のはしりの頃で、今はもう二十になるんですが、一日だけの時で、保育所に興味があって行った。それで、それをきっかけに、大学で保育士をめざして頑張っている。それは、きっかけがそこなんです。自分でも、保育所で過ごしていた時、そこがまあまあ良い環境だったというのもあり、それがきっかけで、職業体験に行って、よけいにまたやる気になって、そうしてまた、自分の将来にまでつながっているうちの娘なんですけれども、そんな子がまた出てくるのかなあと思いますね。職業体験、社会に出る経験をする、そんなんも一つ『総合』の時間を使ってやっているんですけれども」

「なるほど」

「まあ、中学時代というのは、心がきれいで素直なので、そこで感じたものというのは結構残る子もあるみたいですね。だから、そんなんもまた続けていったらいいことだと思うんですけどね」

職業体験に関しては、子どもの生きる力を育てるという観点において、どのような力をつけることを期待しているのだろうか。

「やっぱり、初めてその職業に身をもって接して、そこで生き生きと働いてはる人と接して、私たち教師とはまた違いますよね、そこで働いてはる大人というのは。環境も違うし、そこで一人前に扱ってもらって、同じように仕事もさしてもらえる。何より、いろんな職種を直接見るっていうことはあの子たちにとって、すごい衝撃的な体験やと思うんですよ。体験するっていうことが、子どもらの心の中にすごく残ることやと思います。本で調べたり、インターネットで調べたりすることと違って、実際そこに体を置いて、二日間かな、経験をして、そこでなんか、言葉でいえない何か……、頑張らなあかんとか、将来こういう仕事をしたいなあとか、自分の夢につながっていったりとか、そういう意味では、いい刺激になってるんかなとは思いますね。子どもが、自分の将来を考える上で。でも、ぜんぜん伝わらない子とかもいますよ。バイト感覚で、ただその時間を過ごして、終わったというような子も中にはいますけれども、一方で、そこで吸収したことが将来につながる子もいてるかなあと。学校の授業では得られないものが、得られるようなそういう気がしますね」

「例えば、職業体験なんかで、子どもが地域の人とふれあうというのは、『生きる力』を育てるという観点から考えた時に、どのような意味があるとお思いですか?」

「それは大事やと思います、地域の人とふれあうのはね。人はひとりでは生きていけないんで。今の子どもたちは、学校外の地域の人とか、よそとふれあう機会が少ないので、ふれあった時に、どういう風に接したら、どのように相手が返してくれるのかとか、ふれあい方というのも『生きる力』の一つやと思いますね。どうせ、社会に出るといろんな方と接していかなければいけないわけでしょう。そういう接し方というのも知らず知らずに学んでいると思いますから、それも大きく言えば『生きる力』につながるような気がしますね」

教科の授業をもっとほしいなあと

小嶋先生の明るい話しぶりに包まれて見えにくいのだが、先生は「生きる力」の考え方にはジレンマを感じている。すなわち、新しく出てきた「自ら学び、自ら考える」力や発表する力は重要に思われるが、基礎学力もまた「生きる力」の欠かせない要素である。そこで、前者を育てる時間を確保するために、基礎学力を育てる教科の時数はう。削減してよいのかという問題が生じる。ただ、新指導要領に移行してから、色々と考えが変わった面もあるという。

「難しいことなんですよね、これもね。子どもの立場に立つとですね、はじめ二〇〇二年の頃、私は前の学校にいたんですけど、子どもを見ていて思ったのは、子どもはこういうことを一生懸命やるんやなあと思った場面がありますね。調べて、発表させるというのが、柱として、テーマとしてありましたよね。そういうことっていうのは、生き生きとするんですよ。それが、一体何の力になるのかっていうのは、その場ですぐには答えは出ませんけれども、子どもが元気に活動している場面を見ると、こちらもいい気持ちになりますよね。それで、苦労して、準備してあげた甲斐があったなあと思ったりもするので、一概に言えないんですよ。ただ、昔から私たちがしてきたように座学だけできている時代とは、今はやっぱり世の中違うと思うんですよ。発表する力、自分の気持ちを言えるようにする力を養うという意味においては、調べて、活動を自分で考えて、与えられるだけじゃなくって、班になったり、チームで協力させてやるというのは、やっぱり貴重な時間なんだなあって、今になって、少し思います」

しかし、このように「総合」の意義を感じつつも、減らされた授業時数の補塡はしてほしいと感じている。

「さっき言ったみたいに、教科の授業が減らされてますのでね、それはまあ、まだまだ、私も疑問に思います。教科の授業をもっとほしいなあ、と。でも、今またね、総合学習が、調べるとかそういうのばかりやっているのではあかんということになって、ある程度教科性を持たしてもよいというふうにまた変更してきていて、うちの学校でも来年度から、『総合』の一つの時間を教科でとってよい、という時間が週一時間できたんですよ、各学年でね。そういうふうにしながら、はじめ二〇〇二年度に言われていたみたいに、総合学習だけ、教科性のない純粋な『総合』ばかりじゃなくて、今はちょっと融通をもたして、教科性のものもあり、それも残していきたい。ぜんぶ週三時間、そればっかりしてられないので、それはまあ各学校で、いま多少幅を持たせているみたいです」

筆者は初め、この「総合」に教科性を持たせるという表現がいま一つ分からなかったので、さらに尋ねてみた。

「教科性になると、『総合』の時間の使い方でどういうことができるようになるのですか?」

「そうですね、色々できるって言われてるけど……、数学であったら、授業の続きの問題演習の時間に当ててもいいいし、今、週三で時間数が不足気味なので、普通に授業の流れとして使ってもいいし、余裕を持たせられるので、そのつど授業の中で、一章が十時間で終わらなあかんところが、その時間があったら、十二、三時間ありますよね、そのつど章ごとに、問題を練習する時間に使うとか、そういうふうに使えるようになってきていますね」

「『総合』という必要がないんじゃないですか?」

「そら、週三しか数学とったらあかんわけです。それは、総合数学(笑)、(『総合』という)名前だけですね。名前だけですけれども、その、『総合』という決まった時間を流用していいんだと。初めはそんなん駄目だったんですよ。今は、各学校独自で、そこは考えていい時間があるというみたいなね。ただ、決まったカリキュラムは、週三の一〇五時間しかないので、ふつうの数学の時間を増やすわけにはいかないから、総合数学ということでね(笑)。ごまかしみたいなのが、少しずつ出てきてますが」

要するに、調査当時のこの中学校では、「総合」の時間を一部教科の応用的内容を扱う授業として取っていたようである。どの教科が「総合」の時間を一部借用するかはその年によって違っていたようだ。

最後に、中学校の先生に期待されている役割として、高校受験にむけて生徒を準備させることと、「生きる力」とがどのような関係にあると考えるのかを、小嶋先生に尋ねると、次のように答えてくれた。

「保護者に対して各学年で『総合』の説明をする機会も時々ありますが、やっぱり結構知ってはる人とかもいて、いろいろ新聞に出てますでしょ、『どういう目的でそれをされるんですか』とか、その場で質問されたこともあったんです。でも、保護者の方も、『総合』しないわけにはいかないことは理解されていると思いますし、今は、そんなに『総合』について、保護者の方から、マイナスイメージの声は聞かないですけどね」

意欲がある時には、いろんなものを与えてあげるとよけいに、丸みが出ますね

「先生ご自身ではどうですか? 受験の準備ということを踏まえて考えると、基礎基本の方をもっと重視して、総合学習もやめてしまって、もっと教科の授業を増やした方がいいと思われますか?」

「うーん、だから、総合学習は総合学習のメリットもあると今は感じているので、これまで四年間やってきてね、だからまるっきりなくさなくってもいいかな。基礎・基本については、数学科の方でいつも取り組んでいるのは、一斉授業の中でついていけない子がいますよね。そういう子については、テスト前とか、小テストをした後とか、残って勉強しようかとか。結構、それをね、普通に何回かやっていると、『先生、またやってくれるん?』って。やっぱり、分かりたいっていう子どもが多いということは、見ていて思いますね。それはもうずっとそうなんです。やっぱり、分かれば楽しくなるし、分かりたいという意欲がある時に、そういうチャンスをつくりたいと思います。放課後もよく五時頃まで、残して勉強したりとかしながら、意欲をなくさないように、数学科の教師はチームで取り組んでいるんです。

授業中も、勉強ばっかりでは楽しくないし、子どもは、体育大会とか合唱コンクールとかいろんな行事が大好きで、行事というのは教科とは関係ないですけれど、そういう行事っていうのはすごく大事なもので、クラスの和というのはそこからほんまに生まれるんです。ほんまに、目に見えて変わるんですよ、その行事をする前と終えた後とはね。だから、授業だけじゃない、あの子たちの『生きる力』。『生きる力』というのは授業だけでは学べないん

だなあって、つくづく思うので、『総合』のねらいとしていることは分からないでもないんです。いろんなことを体験して、そこから学べるものっていうのは、ほんまに授業の、私たちの一方的な説明の授業じゃない、そういう中で学べることは多いです。特に、学ぼうとしている、そういう意欲がある時には、いろんなものを与えてあげるとよけいに、丸みが出ますね。だから、総合はまるっきり否定はできません。そして、それが学力向上につながる部分もないとは言えない、と思っています、今は。でも、苦労している部分はありますよ。この時間何をするのか、みたいな。それは各学年チームになって、テーマについて、話し合わなければいけないんでね。教師だってやっぱり大変。ですけど、やったら、やっただけ子どもたちは取り組む。生き生きした姿を見ることで、またこっちも頑張れる。そういう繰り返しですね。まるっきり、否定はしていません」

色々な行事を終えると、生徒は成長し、「丸みが出る」とのこと。人間が「丸くなる」という表現はあるが、中学生に向けて使っているのを聞いたのは初めてである。しかし、教師になった今の私にはその表現が少し理解できる。クラスのいろんな生徒がお互いにトゲトゲしたものがなくなり、クラス自体にまとまりができていくのである。

「質問は以上です。大変参考になりました」

「教師という仕事はほんとうに楽しいですよ。三十何年やってきてますし、やめられないというかね、まあ、もうじきやめようと思ってますけど、毎年相手も変わって、新鮮な気持ちでね。私はこんなにしゃべれる人間じゃなかったんですよ、中学生の頃なんてほんまにおとなしかったんですけど、でも、この仕事をやると、人間性も変わりましたし、明るくなりましたしね。子どもとのやりとりが楽しめることもあるので、疲れますけど、いい仕事を選んだと自分で思っています。だからぜひ、研究だけじゃなくって、あなたも教師をやってみてはいかがですか？」

と、笑顔で誘われ、インタビューはしめくくられた。

第三章

教師たちの「生きる力」の語りに関する考察

八人の教師の「生きる力」の語りから

改めて述べるが、「生きる力」は我が国の教育政策の根幹にある概念であり、その育成が公教育の目標であるとされている。筆者は、この「生きる力」を教師たちがどのように理解しているのか問いたいと考え、合計十二人の中学校教師にインタビューを行った。そして、そのうちの八人のインタビュー内容を本書に提示した。

筆者自身、あらためてこのインタビュー内容を読み直すと、教師たちが、「生きる力」について自らの考えを真剣に語ってくれた様子がリアルに浮かんでくる。同時に、語りに滲みでている、かれらの指導観や日々の仕事にかけている深い思いが伝わってくる。当時は研究者という視点で聞いていたが、今、筆者自身が教師という立場でもう一度読むと、あたかも自分自身に対する教示として語られているように感じられる。本書は、その第一義的な目的からは離れるが、中学校で教えるとはどういうことなのかを、色々な教師の視点から考えさせてくれる資料とも言える。

ただ、本書の研究目的は、「政策の言語」としての「生きる力」との対比の上で、現場にいる教師たち自身がこの概念をどのように理解し、どのように語るのかを、インタビューデータから検討することにある。その答えは、かれらの語りそのもので既に示されていると言えなくもないが、調査対象者の語りの内容を本研究の理論枠組に基づいて解釈し、考察を加えることも必要である。以下は、教師たちの語りに対する考察である。

「生きる力」の語りという「不思議な現象」

さて、前章までの内容をふまえて、考察という堅苦しいスタンスを取るまでもなく気づかされる明白な事実は、「生きる力」について語る内容は一人ひとり大きく異なっていた、ということではないだろうか。例えば、「生きる力」

の要素として何を重視するかについて、一人ひとりが語ることも違うし、それを育てるために日々何を実践しているかも違っていた。もちろん、複数の教師の間で重なるような内容もあったが、一人ひとりの「生きる力」に対する捉え方には大きな違いが見られた。

「教師は一人ひとり生まれも育ちも、また経歴も違うし、考え方に違いがあるのは当然である」と言ってしまえばそこで終わりである。しかし、筆者は、今回インタビューした教師たちの「生きる力」の語りの中に、単純には理解できない不思議さを感じ、いくつかの興味深い問題が隠れているように思った。

その不思議さというのは、筆者自身が、本研究で、「生きる力」を「政策の言語」であると前提し、「政策の言語としての生きる力」vs「教師たちの生きる力の捉え方」という対比の枠組で考えていることから生まれているといえる。本来、教育政策の中心的概念について、教師によって多様な解釈があり、それぞれが違った語り方をするというのは十分おかしな話なのである。それでいて、そうした多様な解釈の並存によるディスコミュニケーションの問題もなく、むしろ「生きる力」という語を使うことで、なぜか皆が納得したような雰囲気がつくられる（冒頭で紹介した「空体語」としての特徴）のも奇妙なことである。

「政策の言語」vs 教師の理解

本書のインタビュー内容を見直すと、教師たちは「生きる力」を語る際、「政策の言語」の側面（すなわち、文科省による定義や教育政策の中での位置づけ）を意識した紋切り型の語り口になることはなく、それぞれが自分の持つ指導上の理念や日頃の教育実践の体験を引き合いに出しつつ、独自の論を展開した。

それでは、教師たちが、「生きる力」が「政策の言語」であるということを知らずに、フリーに「生きる力」という聞き慣れた言葉について語ったのかというと、もちろんそうではない。かれらは政府によるその定義の詳細は明確には知らないとしても、それが「政策の言語」であることをもちろん知っている。しかしながら、文科省による「政策の言語」としての「生きる力」に対する反応は教師によって様々であった。

例えば、「生きる力」の「政策の言語」としての側面に最も敏感に反応したのは、インタビュー対象者の中では、高井先生と松田先生であった。

文科省の指導要領による画一的なカリキュラムの規制に対して強い反感を表明する高井先生は、筆者の「あなたの指導において（教育政策の目標としての）生きる力という概念は重要か」という質問に対して、「いや、あんまりないね」と答えた。高井先生は、「生きる力」という言葉自体、文科省がその時々に政策を導入する際に上げる「打ち上げ花火」の一つに過ぎないと考えており、それに対して積極的に理解しようと思えないこと、そのため、彼の日常の仕事が、文科省の政策からほとんど影響を受けていないと語った。

一方、日本固有の文化の習得や躾けを重視する、いわば保守主義の立場を取る松田先生は、子どもの興味関心の重視や、受験競争の緩和といった「ゆとり教育」の方向性に反対の立場を取っていた。そして、次の引用部が示すように、「政策の言語」としての「生きる力」を大事と捉えるかどうかは、その中身次第だと話している。

> だからね、生きる力をどう定義するかということによって、必要なのか、それとも、それは後でもええというふうになるのか。とにかく、生きる力というものが重要だと、国の上の方針として、出てきているわけやから。じゃあ、生きる力とは一体何だろうというふうに考えた時に、結局は、人の生き方としての、その国の形、つまり文化ですよね。それを身につけさせてやること。立ち居振る舞いとか、言葉遣いとかね。その上に、教育

はやっと成り立つ。そう考えれば、賛成ですね。

逆に言えば、改訂前の「生きる力」の考え方では、松田先生ははっきりと賛成を表明できないと言える。

これらの教師に対して、松田先生の同僚である小嶋先生は、インタビューした教師の中では、「自ら学び、自ら考える」という文科省による最初期の「生きる力」の考え方に好意的であった。ただ、基礎学力を「生きる力」の必須の要素と考えている小嶋先生は、教科の授業時数の削減などの変化には反対であり、それゆえ、当初の文科省の「生きる力」の考え方の受容にジレンマを感じていた。

共に「総合的な学習の時間」の実施に積極的な中野先生と今村先生については、どちらも、「政策の言語」としての「生きる力」に対して特に賛成も反対も表明しなかったが、その語りの内容は、文科省の「ゆとり教育」の姿勢に比較的近いものであった。中野先生は、総合の実施だけでなく、教科内容の三割削減の措置にも賛成であった。今村先生は情報の氾濫する世の中でしっかり自分の判断力を養うことが必要と考えており、教科横断的な学習の場として総合をつくっていくことに前向きであった。つまり、どちらの教師も、当時の文科省の考え方と調和的であったと思われる。

谷岡先生もまた「生きる力」の「政策の言語」としての側面については賛成も反対も表明しておらず、「一人で東京から大阪まで戻ってくる力」とユニークな持論を展開した。数学を生徒にどのように教えるかについて熱心に語られた山崎先生も同様に「政策の言語」としての側面には無頓着であった。

最後に、山西先生は、前の職場（青少年教育施設）での勤務時に、「生きる力」の概念や文科省の政策について、研修等を通して学ぶ機会を持っていた。また、教育雑誌の座談会に参加する機会を通して「確かな学力」という考え方にも一定の知識を持っていた。しかし、その割には、そうした知識を自らの仕事に積極的に活かそうとは考えていなかった。「生きる力ありきで考えていくと、難しい。そんなことを考えずに生徒を伸ばしていけばいい」とインタビュー中にコメントをされた。

以上をまとめると、教師たちは、「政策の言語」、すなわち国の教育目標としての「生きる力」を無論知っているものの、「政策の言語」としての側面には反応が様々であった。「政策の言語」としての「生きる力」とそれに対する自らの態度・持論の間に区別を意識する教師もいたが、かれらの多くは、「生きる力」について、自分ならこう考えるという持論を、文科省の定義などほぼ意識せずに熱心に語った。その語り口には、「生きる力」という言葉が、既に自分たちにとって身近な言葉であり、わざわざ文科省の許可を取らなければいけないような、敷居の高いものではないという感覚が見受けられる。

つまり、インタビューしたほとんどの教師たちが重要だと考えていたのは、「生きる力」の「政策の言語」としての側面ではなく、むしろ、「生きる力」という言葉そのものであった。もっと言えば、「生きる力」という言葉がかれら自身にもたらす何らかの意味を重視していると考えられる。

この点に関して、興味深いケースが高井先生の語りである。前述のように、文科省の提起する政策としての「生きる力」に対して批判的な高井先生だったが、インタビュー中、次第に、自分自身の指導観を語りだし、生徒が直面する課題に対して常に前向きな姿勢を持つことが最も大事だと主張した。そして結局、「それは文部科学省の言葉を借りれば、『生きる力』やと思う」と自分自身の指導観と先ほど否定的であった「生きる力」という言葉を自ら結びつけたのである。その直後、次のような言葉を付け足した。

だから、文部科学省からわざわざ、四年前にね、「生きる力」って言われなくても、僕は二十数年前から、子どもたちの生きる力をつけてきてるわけや。わざわざ言ってもらう必要は少しもない！

この高井先生の一連の語りの展開は、「生きる力」が教師にとって持つ重要な特質を表わしていると言える。すなわち、「否定できない」という特質である。より、明確に言えば、「教師が／子どもの／『生きる力』を／育てる」という言明を教師は通常、否定することができない。高井先生が、彼の語りの中で、いったん「政策の言語」として批判した「生きる力」と自分の指導観を結びつけたのは、彼の大事にする「目の前の課題に対して前向きな姿勢」を育てる指導が、取りもなおさず、生徒たちの将来の社会生活を「生きる力」の育成につながっていると（おそらく語りの中で）認識したからである。もし、高井先生がそれを否定したとすれば、彼自身の指導観や、それを拠り所とする彼の教師としてのアイデンティティを自ら否定することになるだろう。

ドミナント・ストーリーとしての「生きる力」

ここまで展開してきた議論を整理するのに役立つのが、ナラティヴ・アプローチの概念の一つであるドミナント・ストーリー／オルタナティヴ・ストーリーという区分である。ナラティヴ・アプローチの源流の一つは、家族療法などにおけるナラティヴ・セラピーという語りを用いた療法であり、ナラティヴ・セラピーの研究者であるホワイトとエプストン（1990＝一九九二）によって提起された。「ドミナント・ストーリー」とはある状況を支配している物語を意味し、それはある時代や社会において自明の前提とされ疑うことのできないものとされる。ドミナント・ストーリーはその状況下にある人々に対して、周囲の様々な対象に関する意味を付与し、規定する力を持つ。野口

（二〇〇九）の説明をそのまま借りれば、かつては「夫は外で働き妻は家庭を守る」という家族の物語は、疑いを寄せつけない「ドミナント・ストーリー」であった。

この概念を援用すると、本書の教師たちの語りから見えたように、「教師が／子どもの／『生きる力』を／育てる」という言明は、その否定しがたい特質から、教師にとって一つのドミナント・ストーリーであると言えよう。なぜ、『生きる力』を／育てる」ということが、自明の前提として影響力のあるドミナント・ストーリーとなるのだろうか。

一つには、教師たちの日々の大小の指導は、すべて、子どもの将来の社会生活への寄与を期待して行われるものだからである。「生きる力」をより言葉を足して、「将来の社会生活を生きていくために必要な力」と考えれば、教師が教えるどのような知識やスキルもそこに含まれうる。そして、単にそのような寄与の可能性があるだけでなく、教師自身が積極的にそのことを期待していることが本書の教師たちの語りからも分かる。例えば、山崎先生は、数学の教師として自らの教えた数学の内容が、日常生活の中に積極的に活用されるよう意図的に授業で発問やエピソードの呈示を行っていた。山崎先生のインタビュー中、国や文化による数学の使われ方に関して話した後、山崎先生は次のような説明を生徒にしたという。

君たちが今中学で勉強している数学が、どこまで生活に必要かというのは、一人ひとり違うよ、と。その人がどういう仕事につくか、どういう地域でどういうところで活動するかによって、どこまで必要かって違ってくるから、学べる機会に精一杯学ぼうね。

こうした山崎先生の説明には、数学的思考が生徒の将来の生活によりよく使われるよう期待が込められている。他にも、同様の例をインタビューの中から抜き出してみよう。

（職業体験への期待について）仕事を含めて、将来の展望をどれだけ、子どもに持たせることができるのか、ということですね。（今村先生）

…直接学んだことが社会の中で、直接通用する、何のために数学するんやとか、何のために英語をするんやって、子どもらは分からないから、でもそういう基本的な、役に立たないと思われる事柄をたくさん身につけておる方が、ひょんなことから、生きていく時に役に立つ、そのベースになると思うんですよ。（松田先生）

生きる力、いうたら難しいですけど、中学校卒業してどう生きていくか、高校行くかもしれへん、高校行った後どうするか、将来を見つめて自分の人生を切り開く力かなあと思いますね。（小嶋先生）

これらの表現は、当然のことかもしれないが、教師たちの教える内容が、生徒一人ひとりの歩むライフコースは違っても、かれらの将来の社会生活に役立つことに期待を表すものである。そして、「将来の社会生活に役立つことを教える」ことは「『生きる力』を育てる」ことと同義であり、極言すれば、教師たちの行う大小の仕事は、すべて、かれらが教える子どもの「生きる力」を育てることにつながる。逆に言えば、「『生きる力』を／育てない」教師はありえない。実際には可能かもしれないが（例えば、特定の技能や知識の伝達のみを教育目的と自認する教師）、そうしたタイプの教師を想像するのが難しいぐらい「『生きる力』を／育てる」という言明は教師にとってドミナント（支配的）なのである。

「生きる力」の教師にとってのシニフィエの構造

以上の考察から、筆者自身が理解してきたことを整理する上で、言語学者ソシュールのシニフィエ、シニフィアンという用語を用いたい。ソシュールによると、語の要素は、音声ないしは文字による表記上の側面と、語が持つイメージないしは意味内容の側面に分けられ、前者をシニフィアン、後者をシニフィエと呼ぶ。「生きる力」の場合、「生きる力」という文字表記ないしは「イキルチカラ」という音声はシニフィアンであり、それが持つイメージないしは意味内容はシニフィエである。簡単に言えば、本書は、インタビュー対象になった教師たちが、「生きる力」に対して持つシニフィエを捉えようとしている。

ここまでの考察で筆者自身が理解したことをまとめると、次のようになる。すなわち、筆者自身は、「生きる力」という語はその発生上、第一義的に「政策の言語」であると考え、本研究の前提としてきたわけだが、教師にとっての「生きる力」のシニフィエにおいてはそれは正しくはない。以下の議論を分かりやすくするため、図1のように、教師の生きる力のシニフィエを図示した。

教師が「生きる力」という語に持つ意味内容の総体においては、文科省の「生きる力」の定義や、それに込めた政策上の意図といった「政策の言語」としての側面は、商品に貼り付けられた原材料名等を表示する小さなシールのようなものであり、多くの教師にとっては大して意味を持たないものである（もちろん、教育政策の方向性を重視する教師にとっては一定の重要性を持つが）。それが証拠に、教師たちは「生きる力」について語る際、文科省の定義をわざわざ参照したりせず、文科省やその政策の存在をほぼ意識の外において語っている。教師たちは、たとえ文科省の「生きる力」の定義を知らなかったとしても、「生きる力」とはこういうものだろうというかれら自身のイメージをつくり、それを語ることができる。そして、そのイメージの大部分は、かれら自身が持つ自らの指導観に基づいて構成した「生きる力」のイメージである。要するに、「生きる力」のシニフィエは、教師一人ひとりによって違う。そして、そのような違いが可能なのは、「生きる力」の意味解釈が開かれており、国家からの制限も何ら存在しないからである。

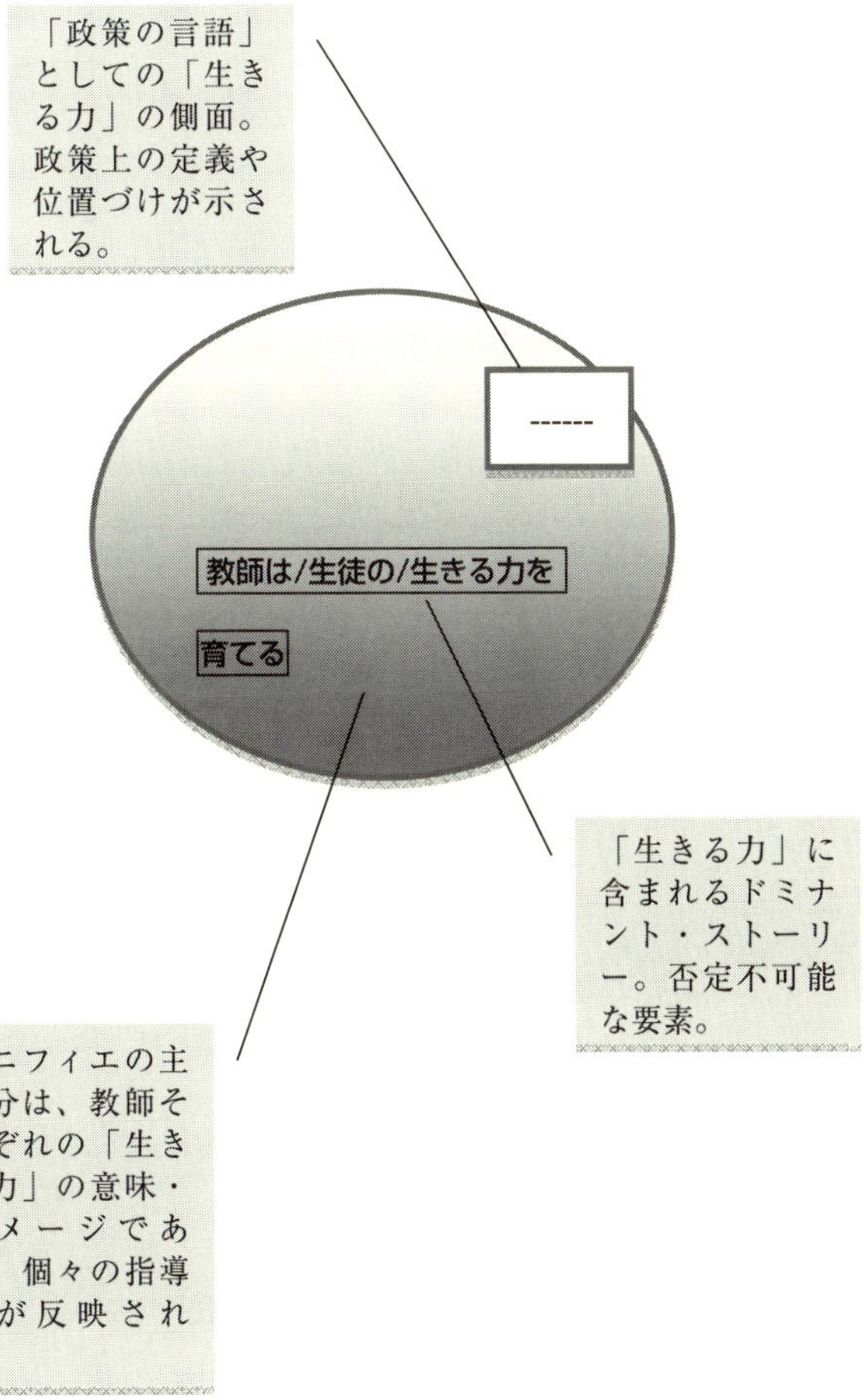
「政策の言語」としての「生きる力」の側面。政策上の定義や位置づけが示される。

教師は/生徒の/生きる力を
育てる
「生きる力」に含まれるドミナント・ストーリー。否定不可能な要素。
シニフィエの主成分は、教師それぞれの「生きる力」の意味・イメージであり、個々の指導観が反映される。

図１　教師たちの「生きる力」のシニフィエ（概念図）

しかし、そのように各教師で異なるシニフィエの中においても、いわばコモンセンスとして否定できない要素があり、それこそが「教師は／子どもの／『生きる力』を／育てる」というドミナント・ストーリーである。

教師にとって、「政策の言語」としての側面よりも重要なのは、このドミナント・ストーリーであり、結果として、政策は軽視あるいは否定できても、かれらの教師としてのアイデンティティの上でそれを否定することはできないのである。

個々の語りはオルタナティヴ・ストーリーか

このように、「教師は／子どもの／生きる力を／育てる」というドミナント・ストーリーが教師たちの「生きる力」のシニフィエに含まれていることを述べたが、そうした否定できない前提が含まれつつも、個々の教師たちの「生きる力」の語りの内容は独自のものであり相互に大きな違いがある。このような「生きる力」の語りの教師間の違いはどのように捉えたらよいのだろうか。

通常、ナラティヴ・アプローチにおいて、ドミナント・ストーリーに対置されるのはオルタナティヴ・ストーリーである。例えば、ナラティヴ・セラピーにおいては、セラピストがクライアントと会話を繰り返すことで、ドミナント・ストーリーと相容れない様々な経験や例外的なエピソードにフォーカスを当て、それを起点にクライアントにとって「生きやすい」自己や家族の物語に転換させていくことを促す。こうして、ドミナント・ストーリーから転換されて生まれた「代案」の物語がオルタナティヴ・ストーリーである。

では、教師たちがそれぞれに語った「生きる力」の語りは、オルタナティヴ・ストーリーかと言うと、そうではないと筆者は考える。なぜかと言えば、一つ一つの物語が、文科省の定義から離れて自由に語られてはいるものの、

「教師は／子どもの／『生きる力』を／育てる」というドミナント・ストーリーの前提と矛盾するわけではないからである。教師たちは、あくまで「教師は／子どもの／『生きる力』を／育てる」というドミナント・ストーリーの枠の中で、「生きる力」の解釈に関する語りを展開しているので、オルタナティヴ（代案）を作り出そうとしているのではない。それは、リオタール（1979＝一九八六）の言葉を用いれば、「大きな物語」に対する「小さな物語」★10であり、あえて名前をつけるならば、教師が「生きる力」という言葉の解釈を表現したかれら自身の物語、いわばオウン・ストーリーである。

教師たちの語るオウン・ストーリーにおいて、かれらの「生きる力」の解釈は実に様々であり、一人ひとりが独自の論を展開した。例えば、松田先生は日本人としての文化の型の習得について語ったし、中野先生は仲間の気持ちが分かるようになることについて語った。今村先生は、情報を取捨選択し、自分で判断できるようになることを、小嶋先生は基礎的な学力の重要性を、高井先生はどんなことにでも前向きに取り組む姿勢を語った。

このような、「生きる力」に関する多様な解釈が可能なのは、前述のように、「生きる力」の意味解釈が開かれており、その概念について、何ら思想上の統制や制限も存在しないからである。このような理由で、教師たちは、たとえ文科省の「生きる力」の定義を知らなかったとしても、自分たちは日々の仕事の中で「生きる力」を育てているのだと考え、語ることができるのである。

では、かれらが無根拠に「生きる力」を語ったのかといえば、そうではないと思われる。

★10　「大きな物語」とは、知識人や科学者、技術者がつくりあげてきた近代社会の正当化のための物語というべきものである。これに対してリオタール（1979＝一九八六）は、各自が断片にすぎないことを自覚して、決して「正当」や「正解」を議論しないですむ物語がありうると述べ、これを「小さな物語」と呼んだ。

冒頭で述べたように、インタビューの場面では、教師たちは、筆者の問いかけに対してその場で考えて答えるようなかたちで語りを展開していった。そして、このような即時的な応答の中で、かれらは生きる力についてその場で解釈し、語りを展開せねばならなかった。そして、かれらの解釈の枠組となり語りの元になっているのは、かれら自身が日常の学校の仕事の中で大事だと思っている事柄や考え方に他ならない。つまりは、一人ひとりの教師の個別の指導観である。見方を変えれば、教師たちは、「生きる力」という筆者の投げかけたモチーフに対して、自らの指導観をそれぞれの手法で語りとして表現したと言える。さらに、そうした「生きる力」を通しての指導観の語りは、自分がどういう教師であろうとしているかという教師としてのアイデンティティの表現であるのかもしれない。

語りの内容の分析から

それでは、個々の教師の「生きる力」の語りに違いをもたらすのが指導観とすれば、その指導観の違いの背景に何があるのかという問題になる。しかし、その点に関する探求は、本研究のアプローチを越えている。個々の指導観の背景にはおそらく、一人ひとりがどのような教育・訓練を受けてきたか、理想とする教師像は何か、どのような教育についての知識や経験を持っているか、など様々な要因があると考えられる。ただ、それらをさかのぼって検討するようなデータを本研究は持ち合わせておらず、明らかにすることはできない。

ここでは視点を変えて、教師たちの「生きる力」のシニフィエ（意味内容）において、先のドミナント・ストーリー以外に教師間で共通するものはないか、語りの分析から探ってみたい。本研究では、インタビュー結果の分析方法の一つである現象学的アプローチ（Polkinghone 1989）と呼ばれる方法を用い、教師たちの語りの中で共通に語られる主題にカテゴリーを与え、それらを分類していくという分析作業を行った。こうしてカテゴリーを与えられた主題は「エッセンス」と呼ばれ、インタビュー対象者の対象に対する捉え方において共有される部分を表すとされる。

以下、この分析の結果を示してみよう。分析の結果から、「生きる力」を形づくる要素について大きく三つの主題が確認された。その三つとは、「課題に対する主体的な姿勢」、「社会性・コミュニケーションスキル」、「基礎的な学力」である。以下、それぞれの主題で語られた内容について考察していこう。

まず、最初の主題は、「課題に対する主体的な姿勢」である。多くの教師が「生きる力」の要素としてこの点について語った。例えば、既に紹介したように、高井先生はそうした要素を生きる力として捉えている。

自分が次に前に進んでいった時に、出会う事象に対して、常に心を開ける。あるいは、前向きな気持ちで、取り組めるっていう経験をいかにさせるか、ということが僕は一番大事だと思う。（高井先生）

ここで述べられているように、中学卒業後の進学先での学校生活や就職後の仕事など、将来の生活で直面する様々な課題に対して、その場で周囲の人から学んだり、自分で工夫したりして、積極的に課題に取り組む態度が大事であると多くの教師が語った。次の引用もそのような主題の語りの一つである。

やっぱり、なんか、困難なことがあってもね、机上の空論でなんか勉強していて、マニュアルの通りやったらできるけど、マニュアルがなかったらでけへんとか、そんなんやったら、世の中の流れは速いから、社会に対

応しながら、困難を乗り切れるんかなあと。（山西先生）

このように「課題に対する主体的な姿勢」を強調する背景には（他の二つの主題もそうであるが）、教師自身が目の前の子どもの中に、そうした姿勢が弱いと感じる現状もあるようである。例えば、谷岡先生は次のように述べている。

『生きる力』を学校の中で、子どもにつけさすというのは基本的に必要やと思います。最近の子どもは、クラスの中で、本当にじっとしていて、分からんことがあったり、困ったことがあっても自分で尋ねようとはしない。色々なクラスの活動の中でも、自分から意見を出して、動くということがない。こちらが指示を出すまで、じっとしているんですね。そういう指示待ちの状態やったら、いざ社会に出たら通用しない。（谷岡先生）

ここに述べられているように、目の前の生徒たちの受け身な姿勢や主体的に判断し行動する側面の弱さを課題と感じ、この面を強調する教師が多かった。また、こうした「課題に対する主体的な姿勢」が維持されるには、その努力を一定継続することも不可欠である。それゆえ、この主題について語った教師は、次の引用のように、生徒の「忍耐強さ」を併せて語ることが多かった。

例えば、ここを掃除してくださいと言ったら「いや」だとかね、これを学びなさいといった時に「いや」とか、面倒くさいといって始めない。そうなってくると、一番根本にあるのは、学ぶ力の元には、少々の困難に耐え

ていける力というのが必要だと思うんですね。（松田先生）

また、学習意欲という側面についても多く語られていたが、教師たちの多くは、それを生徒が何事に対しても本来持っているもの、というようには捉えていなかった。むしろ、学習意欲とは、教師の授業の工夫や生徒を褒めるといった関わりの中で育まれるものだとかれらの多くが考えており、生徒の意欲それ自体を評価するというのは難しい問題であると捉えていた。

二番目の主題は、「社会性・コミュニケーションスキル」である。

物事を進めていったり、理解する時には、必ずついてまわるものやろうなあと。で、一人でできることっていうのは知れてますやん。現実的にはいろんな人の協力の中で、自分を育てていかなあきませんから。そうなってくると、相互に、意思を伝え合うというのを大切にしていかなあかんやろうなと。（今村先生）

特に、教師たちが想定していたのは、生徒が就職してから、会社のような集団の中で意思疎通を図り、協調していく力である。そのため、教師たちは、特に「総合的な学習の時間」における職業体験の活動を、社会人としての振る舞い方や言葉遣いを学ぶ重要な機会として捉えていた。

ただ、一言でコミュニケーション能力といっても、教師により力点の置き方は異なっている。例えば、松田先生は、社会人として求められる言葉遣いや礼儀作法の側面を強調しており、現在の学校生活においても、生徒の言葉遣いに対する躾けを重要視していた。しかし、一方で、中野先生のように仲間との関係づくりの側面を重視する教師もいた。

コミュニケーションというのは、大人になってからも困りますからね、一番。トラブルで学校や仕事をやめたり、自分が評価してくれてへんと思って、くさったりするでしょう。それは、コミュニケーションがやっぱり原因じゃないかなあと。それを育てていきたい。

（中野先生）

中野先生は、特に「仲間の気持ちが分かる」ことに重きを置き、そうした力を育てることは、中学卒業後の生活にとって必要というだけでなく、今の中学校生活においてもトラブルの防止という点で、日々せざるを得ないことだと述べている。

このコミュニケーション能力の部分について筆者自身興味深いと感じたのは、男性の教師、女性の教師の捉え方の違いである。松田先生が典型的な例であるが、男性の教師は、主として、タテの人間関係も含めた集団内のフォーマルなコミュニケーション能力を重視しているように思われた。一方、女性の教師は、本書に紹介できなかった二人の教師も含めてであるが、生徒たちの仲間関係などインフォーマルな面でのコミュニケーション能力を重視する傾向があった。実際にそうしたジェンダーの違いがあるのかどうか、その検証は別の研究にお任せしたいが、教師として生徒につけたいコミュニケーション能力に対する捉え方が、男性と女性で異なるかもしれないというのは、興味深い仮説である。

最後に、三番目の主題は、「基礎的な学力」である。

覚えた方程式が将来使うとは限らへんけれども、いまその数学的な考え方みたいなのを身につけて損はないし、将来どんな道に進むか分からへんけれども、基礎学力はどんな部分でも大事、これが自分の血となり肉となり、将来が開けるんやでという話をしながら、毎日の授業を、分かりやすくなるようにしているというのが努力していることです。（小嶋先生）

教師たちは、生徒が将来の新しい状況の中で、問題解決し、判断して自らの進路を切り開いていく上で、その力の基礎となるものを育てることが中学校段階の役割だと考えていた。そして、右の小嶋先生の語りの引用にも見られるように、教科で学ばれた知識やスキルはそうした基礎を形づくる大きな要素であると信じていた。

そうした信念は、山崎先生が数学の教師としての自分のあり方について多くを語ったように、個々の教科を教える教師としての自らのアイデンティティにも関わる点とも言えるので、どの教師も特に強く主張していた。実際、中学校の教師の場合、教科の教育に責任を持って取り組まなければ、生徒や保護者との信頼関係が構築されないと高井先生は言う。

で、僕らが教師である以上は、（仕事の）大部分は教科教育やと思うのね。教科教育が、親とか家庭とか子どもが、学校に対して信頼がなくなって、期待が薄れていけば、僕らとの人間関係、信頼関係はできない。（高井先生）

以上、教師たちの「生きる力」のシニフィエの中で特に共通する「エッセンス」の部分のみを拾い上げてみた。

そこで、あらためて気づかされるのは、「生きる力」という言葉の教師の捉え方、言い換えれば、そこに込められている教師の指導観（ペダゴジー）の「全人教育」としての特徴である。日本の学校教育の特徴は、「全人教育」を志向している点であり、従来、生徒の学力よりも、社会的・道徳的資質を育てることに力を入れていると、これまで海外の研究者から指摘されてきた（例えば、Lewis 1996; Wray 1999）。ここでいう社会的・道徳的資質というのは、主に、協調性、勤勉さ、忍耐力、責任感、様々な活動への積極性といった要素であり、それらは日本的な教育の特に重視するポイントだと説明されてきた。

あらためて、前述のような「生きる力」のシニフィエの共通点を見ると、こうしたポイントと重なるものが多いと感じさせられる。我々は、「生きる力」という言葉を解釈するにあたっても、学校教育の伝統的な価値観を無意識的に引き継いでいるのかもしれない。また、それは、高井先生が批判的に捉えていた「よき労働力をつくる」という戦後の教育の一つの考え方とも結びついているのかもしれない。

余談になるかもしれないが、アメリカの教育学会でここまでの分析結果の一部について研究発表を行った際、ある女性の研究者が、例えば、「創造性」（creativity）といった要素を「生きる力」に挙げた人はいなかったのかと質問してきた人がいた。そうした教師はいなかったと答えると、「それはおかしい。アメリカの教師ならそれを取り上げるわ」と感想をもらした。そのような「外からの」視点で見ると、やはり教師たちは、これまでの日本的な教育の価値観を多かれ少なかれ引き継いでいると言えるかもしれない。

ただ、筆者が考えるに、時代の潮流に合わせて、教師の考え方も確実に変化してきているのではないかと思う。本研究のインタビューは「ゆとり教育」のいわば末期に行われたが、生徒自身が自ら考え、判断することを語りの中で強調する教師もいた他、コミュニケーション能力が大事だという言い方も、決して過去の学校教育の価値観と同一ではないと筆者は考える。なおかつ、受験勉強の道具としてではなく、変化の多い世の中を生きていく上で、やはり基礎学力は大事だという言い方も、かつてとは違う新しい見方・捉え方なのではないだろうか。教師たちの「生きる力」のシニフィエの中に、日本の教育の古いものと新しいものが混ざりあっているし、それは時代の潮流に合わせてこれからも変化していくのだろうと筆者は考える。

政策の言語としての「生きる力」の効用

本研究のような少人数対象の研究から過度の一般化は避けるべきだが、ここまでの「生きる力」という言葉の特質に関する議論をもとに、教育目標としての「生きる力」が政策の言語としてどのような効用を持つのか考えてみるのは興味深い。ゆとり教育改革時代に生まれたこの「生きる力」が、政策の転換が行われた現在も看板を下ろされず掲げられているのは、それなりの理由があるからだと考えられる。

既に述べたように、教師は、自分が子どもに教えることが将来の社会生活に役立つことを期待する存在であり、かれらの行う大小様々な指導はすべて「生きる力」の育成につながっていると、ある教師が考えるのを止めるものは何もない。その結果、一般的な道徳倫理から逸脱するものでなければ、「生きる力」はどのような指導の観点からでも解釈が可能である。

このような解釈に対する寛容さという特質は、なぜ「生きる力」が池田（二〇〇五）のいうように空体語として、「それを使うと納得したような雰囲気が作られるのか」も説明してくれる。例えば、教師が「生きる力」ないしは「『生きる力』を育てる」と言う言葉を耳にしたとしよう。その時かれらは、自分たちの行う多種多様な指導をイメージすることだろう。そして、それらが生徒の将来の生活に活かされる場面をイメージし、かれらの仕事が「生きる力」

の育成とつながりがあることを自ら納得するであろう。しかし、その時に、一人ひとりの教師がイメージしている指導の行為やその意味合いは、個々ばらばらであるかもしれない。つまり、同床異夢の状況であるが、「生きる力」という言葉で何を考えようとそこに正否はなく、ただ、何となく同じ方向性を共有し子どものために仕事をしているという感覚が保たれる。批判的に言えば、共同の幻想といってもよいかもしれない。

本来、教育目標としてこのような玉虫色的な言葉を置くことは、政策によってどのような変化をもたらしたいのかを分かりにくくさせるので、欧米の教育政策研究においては批判されることである。しかし、あえて「生きる力」という言葉を我が国の教育政策の上に置き続けているのは、それが持つ「空体語」としての特質を逆手に取っているのだとも取れる。「生きる力」には、その実体がはっきりと確認されなくても、なぜかその意味について納得したような雰囲気を作る力がある。どの教師たちも、「生きる力」を容易に自らの指導観と結びつけて解釈し、自らも「生きる力」育成の教育に参加していると信じることができる。見方を変えれば、文科省はこの言葉を掲げることで、職務に励むどの教師たちの働きにも一種の承認を与える存在となる。一方で、「生きる力」が有する政治的にニュートラルな印象は、文科省が教師たちとのイデオロギー的な対立を回避するのに便利である。大きな教育目標としてそれを掲げることで、思想上のゆるい天蓋で教師たちを覆っているといえる。

同時に、「生きる力」に込められたドミナント・ストーリーとしての機能も大きい。これを否定することは、教師としての自らのアイデンティティを批判する行為にも等しい。つまり、政策言語としての「生きる力」は、知ってか知らずか、この否定不可能性を盾にしており、文科省の政策を理論的に守っているのである。

このようにして、「生きる力」はその曖昧さや多義性、政治的な中立性、そして何より教師にとっての否定不可能性によって、学校現場に国の方向性と大筋でベクトルが合っているような錯覚をもたらし、文科省による学校教育のへゲモニーを支えていると見ることができる。

ただし、逆に言えば、「生きる力」の否定不可能性は、文科省にとっても同様の意味合いを持つ。国の教育をとり仕切る文科省自体もまた、「『生きる力』を／育てる」というドミナント・ストーリーを否定することはできない。その結果、文科省は「生きる力」という看板を否定する、つまりはそれを下ろすことはできないのではとも考えられるのである。

本研究の成果と課題

本書の最後に、本研究の成果と今後の課題について書かせてもらう。

筆者は、本書の研究をナラティヴ・アプローチに基づく教育研究の一つとして取り組んだが、冒頭の方法論でも示したように、「ナラティヴ・アプローチ」の一つのねらいは、「未だ語られていない物語」を捉え解釈することである。そういったねらいに照らせば、中学校現場の教師たちの「生きる力」の語りをインタビューによって掘り起こし、この場で示すことができたこと自体が大きな成果である。それは、ゆとり教育時代の末期にあたる二〇〇六年の大阪という、限定された時代と地域のわずか八人の語りではあるが、かれらのバリエーションある語りの内容は、同時代の教師たちの「生きる力」に対する捉え方と少なからず重なっているであろうことは想像できる。また、かれらが語った「生きる力」の意味内容（シニフィエ）の分析からは、そこに含まれる教師たちにとっての政策のレリヴァンスの違いもさることながら、「生きる力」という言葉自体に教師にとって否定不可能なメッセージが含まれることが示唆された。

こうした結果は、「生きる力」が「政策の言語」であるという調査前に筆者が描いていた認識と大きく異なるものだったが、しかし、そうしたスタートラインからでなくては、本書で示したような個々の教師の「生きる力」の語りを浮かび上がらせることはできなかったのではないかと筆者は考えている。今、各教師の語りを読み直して、もっとここを尋ねてみるべきだったという点は多々あり、調査方法の上でも反省点は多いが、それでも、本書のように、今まで光を当てられていなかった、教師たちが政策やそこに含まれる概念をどう捉えるかに関する探索的な研究として、本研究の収穫は大きいと考えている。

本研究は、「政策の言葉」に対する「教師たちの理解（言葉）」という対比に基づく、教師のナラティヴ・アプローチによる研究である。こうした研究方法は、それが、その知見を一般化しにくい、ある地域限定の少人数の「語り」をベースにしたものだとしても、学校現場にいる教師の思考や日常の実践と、政策（およびその概念）との関係に深く探りを入れることができ、教師の「内側からの」視点も含め、多様な情報を得ることができる。本書を読まれた方は、教師の政策に対する様々な見方にふれ、筆者と同様、その洞察や感じ方に驚かれた方も多いはずである。学校現場は、決して一枚岩的なヴィジョンを共有する集団ではなく、多様なヴィジョンや指導観を持った人々が共存する場所である。そこには、実に様々な政策に対する見方や感じ方が存在する。本書のようなアプローチで学校現場の声に耳を傾け、かれらの語りに探りを入れることは、「今の学校は……」、「現代の教師は……」などとマスコミで語られるような一括りにする見方に対して、大きなアンチテーゼとなるであろう。

また、本書のように、教育政策研究の一環として、ナラティヴ・アプローチを用いることの有効性はいくつかある。それは、①政策の側と学校現場との間の認識のギャップを捉えることができる、②政策が学校現場の視点で、どのように見られているかを示すことができる、③「政策」に対する認識の仕方という視角から、教師の認知構造や語り方の特色にアプローチできる、ということである。

それぞれ、詳述するのは避けておくが、今後、こうした特性を活かしつつ、教育政策領域において、さらにナラティヴ・アプローチの研究が増えていくことを期待するし、筆者自身もまた、新たな観点で研究の蓄積に貢献したいと思う。

最後に、筆者が本書の教師たちの「生きる力」の語りの分析から着想を得た、今後の新たな興味深い研究課題を紹介したい。もしかしたら、先行する研究が既に存在するかもしれないが、それはさておき、二つの課題を挙げさせてもらう。

一つは、教師の「語り方」である。本書において、教師たちの「生きる力」に対する語りを取り上げる中で、色々な語り方があることが分かった。教師の持つ思想が中心となって、ロゴス主体で語られるものもあれば、授業での対話や生徒の姿の描写が多く、いわば映像的な語りもあった。主張が明確な語りがある一方で、不鮮明な語りもあった。教師にも語りの能力の違いはきっと存在するのだろうが、ガーゲン（1999＝二〇〇四）のような社会構成主義においては、語り方の違いというのは、見ている現実の分節の仕方が違っていることを表しているのかもしれない。そうした語り方の違いは、何によってもたらされるのか、まだ漠然としているが、興味深い課題である。

もう一つは、本書の考察でも少し触れたのだが、ジェンダーによる教師の指導観の違いである。端的に言えば、女性教師と男性教師で、「生きる力」の語り方も違ったし、また「何を期待するか」も違っているのではないかと筆者は感じた。一例を挙げると、学校行事で生徒たちが協力して頑張る、それによってつながり、成長する、といった話題は、女性教師の語りの中では出てきたが、男性教師の中ではほとんど出てこない。男性教師は、比較的、成長するという場合の視点が「個人」であり、個人が学校生活での多様な活動を通して、どのように社会人になるために育っていくか、ということが主に語られている気がした。ただ、こうした違いは、本書のように少ないサンプル数でははっきりと言えない問題であり、本書自体、取り上げたインタビュー対象者八人のうち女性は二人だけである。それゆえ、あくまで一つの仮説に過ぎないが、男性教師と女性教師で、生徒を育てる視点が違うということは、十分あり得そうなことであるし、様々な研究方法でアプローチ可能な興味深い課題である。

補足資料

◯半構造化面接における質問項目

以下の①〜③の各質問項目は、対象者すべてに共通に尋ねた質問項目であるが、半構造化面接という調査方法の特徴として、投げかけた質問に対して調査対象者には自由に語ってもらうと同時に、必要に応じて、調査対象者の語ろうとしている内容をより深く掘り下げるための質問も行った。

①インタビュー対象者の基本情報
・名前
・年齢
・現在の勤務校での勤務年数
・教師を始めてから何年か
・教師になるまでの経歴（もし尋ねられれば）

②「生きる力」についての認識
・あなたの教師としての仕事の中で「生きる力」は重要な概念として意識されていますか？

・どのような資質・能力を育てるべき「生きる力」の要素と捉えていますか？（複数尋ねる）
・あなたの担当する教科において「生きる力」を育てるというねらいで特に取り組んでいることや工夫していることはありますか？
・「総合的な学習の時間」において「生きる力」を育てるというねらいで特に取り組んでいることや工夫していることはありますか？
・職業体験など、地域の人々との接点のある取り組みについて、「生きる力」を育てるという観点でどのようなことを期待していますか？

③その他（インタビュー対象者の教育観および政策に対する認識を捉えるための質問）
・観点別評価について（特に関心・意欲・態度の評価の付け方について）どのように行っていますか？
・「総合的な学習の時間」の実施について：文科省のアンケート結果では、「体験だけに終わっていて、子どもの能力を伸ばすことにつながっていない」、「教科学習の時間が『総合』の時間に取られ、基礎・基本の能力の定着が不十分になる」といった理由で、中学校の教師の大半が「総合的な学習の時間」の実施に対して消極的です。この結果を受けて、あなたはどう考えますか？
・「生きる力」を育むということと、高校入試とはどのような関係にあると思いますか？

引用・参考文献

中央教育審議会（二〇〇五）答申「新しい時代の義務教育を創造する」

――（一九九六）答申「21世紀を展望した我が国の教育の在り方について」（第一次）

Clark, C. M. and Peterson, P. L. (1986). Teachers' Thought Processes. In M. C. Wittrock (Ed.), *Handbook of Research on Teaching* (3rd Ed., pp.255-296). New York: Macmillan.

Fullan, M. G. (2001). *The New Meaning of Educational Change*, the 3rd Edition. Teachers College Press.

Gergen, K. J. (1999). *An Invitation to Social Construction*. Sage Publications（＝東村知子訳『あなたへの社会構成主義』ナカニシヤ出版、二〇〇四）

橋本満（一九九四）『物語としての「家」――パーソナル・ヒストリーに見る日常世界の解釈』行路社

池田寛（一九九八）「教育実践のディスコース分析」志水宏吉編『教育のエスノグラフィー』嵯峨野書院

――（二〇〇五）『人権教育の未来』解放出版社

稲葉浩一（二〇〇九）「少年院における『更生』の構造――非行少年の語る『自己』と『社会』に着目して」『教育社会学研究』八五：四九―七〇

川村光（二〇一〇）「1970―1980年代の学校の『荒れ』を経験した中学校教師のライフヒストリー」『教育

社会学研究』八五：五―二六
貴戸理恵（二〇一〇）『不登校は終わらない――「選択」の物語から〈当事者〉の語りへ』新曜社
Kingdon, J. W. (1995). *Agendas, Alternatives, and Public Policies* (2nd ed.). New York: Longman.
古賀正義（二〇一〇）「学校化社会のなかの『中退問題』」古賀正義編『学校のエスノグラフィ』嵯峨野書院
Lewis, C. (1996). *Fostering Social and Intellectual Development: The Roots of Japanese Educational Success*. In T.P.
Lyotard, J.=F. (1979). *La condition postmoderne*（＝小林康夫訳『ポストモダンの条件――知・社会・言語ゲーム』水声社、一九八九）
McLaughlin, M. W, & Mitra, D. (2000) "Theory-Based Change and Change-Based Theory: Going Deeper, Going Broader". Unpublished paper, Stanford University, Stanford, CA.
野口裕二（二〇〇九ａ）「ナラティヴ・アプローチの展開」野口裕二編『ナラティヴ・アプローチ』勁草書房：一―二五
――――（二〇〇九ｂ）「ナラティヴ・アプローチの展望」野口裕二編『ナラティヴ・アプローチ』勁草書房：二五七―二五九
小田博志（二〇〇九）「エスノグラフィとナラティヴ」野口裕二編『ナラティヴ・アプローチ』勁草書房：二七―五二
Peterson, P. L., Fennema, E., Carpenter, T. C. & Loef, M. (1989). Teacher's Pedagogical Content Beliefs in Mathematics. *Cognition and Instruction*, 6, 1-40.
Polkinghorne, D. E. (1989). Phenomenological Research Methods. In R. S. Valle & S. Halling (Eds.), *Existential-Phenomenological Perspectives in Psychology* (pp. 41–60). New York: Plenum.

Richardson, V. (1996). The Role of Attitudes and Beliefs in Learning to Teach. In J. Sikula, et al. (Eds.), *Handbook of Research on Teacher Education* (2nd ed), 102-119, Macmilan.

Rohlen & G. K. LeTendre (Eds.), *Teaching and Learning in Japan* (pp.79-97). New York : Cambridge University Press.

Schon, D. A. (1983). *The Reflective Practitioner: How Professionals Think In Action*（＝佐藤学・秋田喜代美訳『専門家の知恵――反省的実践家は行動しながら考える』ゆみる出版、二〇〇一）

Spillane, J. P. (2004). *Standards Deviation: How Schools Misunderstand Education Policy*. Cambridge, Mass: London: Harvard University Press.

Thompson, A. G. (1984). The Relationship of Teachers' Conceptions of Mathematics and Mathematics Teaching to Instructional Practice. *Educational Studies in Mathematics*, 15, 105-27.

Wray, H. (1999). *Japanese and American Education: Attitudes and Practices*. London : Bergin & Garvey.

White, M. & Epston, D. (1990). *Narrative Means to Therapeutic Ends*（＝小森康永訳『物語としての家族』金剛出版、一九九二）

あとがき

今、この稿を書くにあたり、一冊の本が出来上がるまでに、様々な人や出来事との出会いがあるものだと感じている。本書の内容を一冊の書籍としてまとめ、世に出そうと思うきっかけを作ったのは、第一章にも書いたが、二〇一一年の夏、筆者の勤務する市の中学生の交換留学の引率として、旅のお供にと思って持っていった一冊の本だった。それが、橋本満先生の著書『物語としての「家」——パーソナルヒストリーに見る日常世界の解釈』である。この本をアメリカへの飛行機の中で読みながら、こうしたごく少人数の人々の「物語」を研究対象として取り上げ、一冊の研究書にすることも可能なのだと感心したのを覚えている。それを読み、筆者の中で未消化だった教師たちの「生きる力」のインタビューデータに、もう一度向き合い、考察をまとめてみたいという気持ちが起こった。そして、日本に戻ってくるなり、すぐさま、本書を書くための準備に取りかかった。

橋本満先生の本を持って行こうと思ったのは一つの偶然だったが、筆者自身、実は大学の学部生時代に、その当時、大阪大学で教鞭をとっていた橋本先生の社会学の講義をなぜか受けていた（今、考えてもなかなか面白い講義だった）。また、筆者が卒業論文を書いていた時に、大学院の先輩が筆者に橋本満先生の博士論文（先の著書の元となっている）を紹介してくれることもあった。そういった伏線がありつつも、筆者はほとんど偶然に、『物語としての「家」』をアメリカへの旅に持っていった。ちなみに、橋本満先生は、筆者のことなど全くご存知ないはずである。

橋本満先生の『物語としての「家」』との出会いから本書の完成までに、さらに興味深い偶然があると感じるのは、橋本先生も出版をお願いしたであろう行路社の楠本耕之さんに、筆者も本書の出版をお願いしたということである。本書は、筆者の初めての単著で、出版業界になんのつてもない筆者は、どれだけ本書の執筆を進めても、本当に本書を出版してもらえるかどうか、実際かなり不安であった。どこの出版社に頼んでよいかどうか、全く分からなかったのだが、結局、手元にある『物語としての「家」』の出版元である行路社にお願いしてみようと思いついた。『物語としての「家」』や、同社から出されているその他の書籍を見た結果、本書の意義を理解し、出版に協力してくれそうだと考えたからである。行路社の代表である楠本さんは、筆者の相談に乗ってくれ、そして、本書の出版への扉を筆者のために開いてくれた。そのご理解ご助力に今、心から感謝したいと思う。

もちろん、本書の執筆からさらに数年遡り、本書に示した研究自体を実施する過程で、実に多くの方々のサポートが不可欠であった。

まず、本書で語りを紹介させて頂いた八人の先生を含め、インタビューに参加して頂いた十二人の先生方には、心から感謝を申し上げたい。本書への貢献の大きさに加え、先生方の語ってもらった内容は、筆者がいま持っている教師としての指導観の中に、まさに「血となり肉となって」生きていることを、あらためてお伝えしたい。また、そうした先生方の指導観や教師としての智慧が、本書を通してたくさんの人に読まれ、学校教育についての理解が少しでも広がれば幸いである。

また、筆者の各校でのインタビューを許可し、各校での筆者のインタビューの調整を行ってくれた各学校の校長先生にもお礼を申し上げたい。

さらに、その各中学校と筆者の間に橋渡しをしてくれた、調査当時、大阪府教育委員会の指導主事であった佐々中雄司先生、三上和久先生、大阪大学大学院の志水宏吉先生にもお礼を申し上げたい。その中でも、三上和久先生は、平成二十四年、大阪府立東住吉高校に校長として在職中、五十一歳にして急逝された。大学院生時代に筆者と交流のあった先生だったが、筆者の留学後も日本からユーモアのある励ましの言葉で筆者を助けてくれた一人だった。三上先生が急逝されたことは、筆者にとっても大きなショックだったが、それはまた、一日も早く完成した本書を御仏前に届けたいと強く思うきっかけとなった。心からご冥福をお祈りすると同時に、本書を三上先生に捧げたいと思う。

遡って、筆者の日本での大学院生時代に、筆者に指導助言を下さり、そして本書でも引用している、故・池田寛先生にも感謝申し上げたい。池田先生は、筆者や他の教え子に「焦ることなく、面白い研究をつくり出しなさい」とエールを送ってくれた。アメリカ留学中も、また、本書の執筆中も、色々と迷った時、いつもどこかで見守ってくれているような気がしていた。そのまなざしを感じることができたからこそ、仕事も研究も今までなんとかやって来れたのだと思う。

アメリカ留学中、本研究のデザインを指導し、その実施を親身になってサポートしてくれた、ラトガーズ大学のキャサリン・ラグ先生、ウィリアム・ファイアストン先生、シャロン・ライアン先生にも心からお礼を申し上げたい。

最後に、筆者の執筆を陰ながら支え、出版前の原稿の見直しを手伝ってくれた妻、笑顔で見守ってくれた娘、そして母にも心から感謝の気持ちを述べたい。

著者紹介

濱元 伸彦（はまもと・のぶひこ）

1977年5月、大阪府生まれ。大阪大学人間科学部卒業後、同大学大学院人間科学科博士前期課程を修了。その後、2004年より米国のラトガーズ・ニュージャージー州立大学ニューブルンズウィック校の教育学大学院博士課程に入学し、教育研究における質的調査の方法や教育政策論、カリキュラム論を専門的に学び、中学校における「総合的な学習の時間」の実施に関する研究で博士号（Ph.D）を取得。その後、2009年4月より大阪府の公立中学校の教諭となり、現在に至る。

主要著作

【単著】*Japanese Middle Schools' Adaptation of the Integrated Studies*, Proquest, Umi Dissertation Publishing (2011).

【論文】「『総合的な学習の時間』の実施における課題と今後の改善にむけて――中学校でのフィールドワークから」（原清治・檜垣公明編著『深く考え、実践する特別活動の創造』学文社、2010年)、「ノー・チャイルド・レフト・ビハインド法におけるアカウンタビリティ・システムの現状と課題」（『日本教育経営学会紀要』47号、2005年）ほか

「生きる力」を語るときに
教師たちの語ること

2014年9月1日　初版第1刷印刷
2014年9月10日　初版第1刷発行

著　者――濱元伸彦
発行者――楠本耕之
発行所――行路社 Kohro-sha
520-0016 大津市比叡平 3-36-21
電話 077-529-0149　ファックス 077-529-2885
郵便振替　01030-1-16719
装　丁――仁井谷伴子
組　版――鼓動社
印刷・製本――モリモト印刷株式会社

ISBN978-4-87534-314-1 C3037

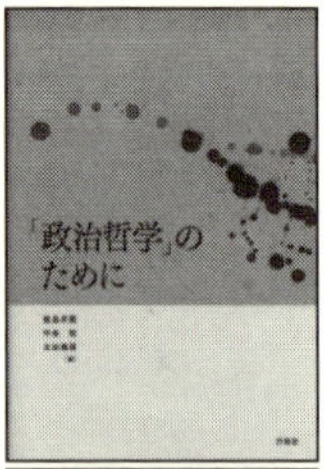
「政治哲学」のために

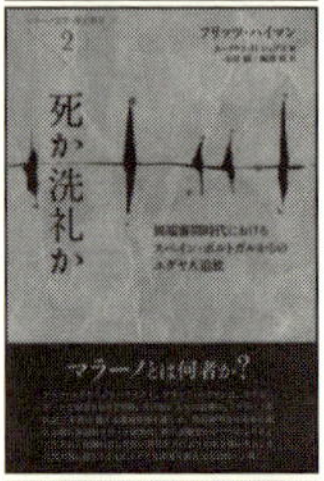
死か洗礼か
マラーノとは何者か？

セルバンテス
模範小説集

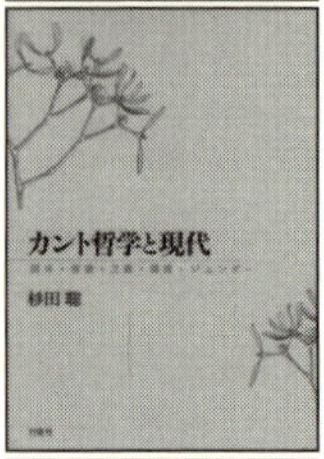
カント哲学と現代

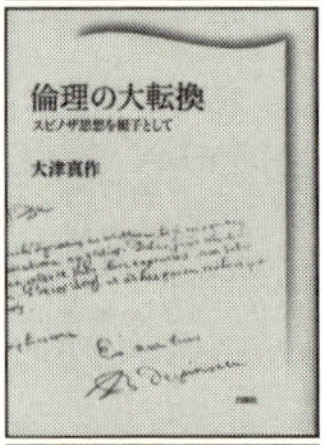
倫理の大転換
スピノザ思想を梃子として
大津真作

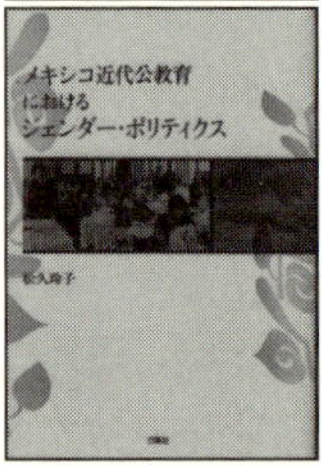
メキシコ近代公教育
における
ジェンダー・ポリティクス

ラショナリスムの学問理念　デカルト論考　三嶋唯義　A５判 300 頁 3000 円
■「理性」を語り、「学問とは何か」を探求するのは容易ではない。本書は、思想史研究を通じてこれを超える「学問とは何か」に迫る。
カントの目的論　J・D・マクファーランド／副島善道訳　A５判２２０頁 2500 円
■自然科学の正当化／理性の理念と目的論／カントの小作品における目的論／目的論的判断力の分析論／目的論的判断力の弁証論／ほか
判断力批判への第一序論　I・カント／副島善道訳・校訂　四六判１９２頁 2000 円
■マイナー版を底本に、アカデミー版とズールカンプ版を校合する本訳書は、メルテンス『カント「第一序論」の注解』の姉妹版とも。
ジンメルとカント対決　社会を生きる思想の形成　大鐘 武 編訳　A５判 304 頁 3800 円
■形式社会学の創始者でもあるジンメルが、個人と社会との関係をめぐり社会学を哲学との緊張関係のもとにおいて取り組む。
カント『第一序論』の注解　H・メルテンス／副島善道訳　A５判 320 頁 3200 円
■これまでの研究を踏まえ、さらなる一歩を刻む労作。著者は、『第一序論』を、カントの体系観が結晶化したものと捉える。
思索の森へ　カントとブーバー　三谷好憲　A５判３４０頁３５００円　内面化された仕方で念仏に深く根ざすと共に他方、西欧思想の骨格の一つをなすカント哲学への持続的な取り組みによって西欧世界の精神構造をほとんど身をもって理解する。
《対話》マルセルとリクール　／三嶋唯義訳　A５判１４０頁１６００円
■かつての弟子リクールを対話者に、マルセル哲学の源泉などをテーマに、率直な批判的検討、含蓄に満ち示唆に富む対話を行なう。
カール・ヤスパース　その生涯と全仕事　ジャンヌ・エルシュ／北野裕通・佐藤幸治訳　四六判 260 頁 2000 円
■ヤスパースの生涯（第１部）、彼の思想について（第２部）、厖大な著作からの抜粋（第３部）、および著作・研究書の一覧
空間の形而上学　副島膳道　A５判１６４頁２２００円　■思考活動には空間が必要であること／イデア：それはどこにあるのか？／表現される空間／イデアが創り出す空間／時間は流れ、空間は生成する／ほか
若きヘーゲルの地平　そのアポリアと現代　武田趙二郎　四六判２５６頁２２００円
■我々に要請されるのはヘーゲル思想の神秘的超出ではなく、ヘーゲルの突きつけるアポリアの中から新たな地平を切り開くことだ。
生活世界と歴史　フッセル後期哲学の根本特徴　H・ホール／深谷昭三訳　A５判１４８頁 1600 円
■フッセル未公刊の諸草稿群を駆使し、自己自身を超えて出て行く、苦悩にみちた後期フッセル哲学の問題点を明快に抉り出す。
創造の意味　ベルジャーエフ／青山太郎訳　四六判 568 頁 4500 円
■「この書物は私の疾風怒濤の時代にできたものである。これはまた、比類のない創造的直感のもとで書き下されたものだ」
共産主義とキリスト教　ベルジャーエフ／峠尚武訳　四六判 352 頁 4000 円
■「キリスト教の価値……」「キリスト教と階級闘争」「ロシア人の宗教心理……」など、彼の〈反時代的考察〉７本を収録。
新たな宗教意識と社会性　ベルジャーエフ／青山太郎訳　四六判 408 頁 4000 円　■ペテルブルグ時代の本書は、宗教的アナーキズムへの傾向を示す。「しかし私の内部では、あるひそかな過程が遂行されていた。」
ベルジャーエフ哲学の基本理念　実存と客体化　R.レスラー／松口春美訳　四六判３３６頁２５００円
■第１部：革命前におけるベルジャーエフの思想的変遷——実存と客体化にかかわる重要なテーマを提示するとともに、その思想的基盤をも概観する。第2部：ベルジャーエフの中期および後期著作における客体化思想の基礎づけ
還元と贈与　フッサール・ハイデッガー論攷　J-L・マリオン／芦田宏直ほか訳　A５判 406 頁 4000 円
■〈ドナシオン〉を現象学的〈還元〉の中心に据え、『存在と時間』のアポリアを越えて、現象学の最後の可能性を指し示す。
書物の時間　ヘーゲル・フッサール・ハイデガー　芦田宏直　四六判 376 頁 2500 円
■「哲学とは」から、「哲学の序文」、an ihm、表現の意味、そして〈非性〉の存在論的根源へと、現代のはらむ問題を明らかにする。
医 の 哲 学　[第３刷]共感と思いやりの医学論　池辺義教　四六判 240 頁 2400 円
■技術の急伸で医療の姿勢、哲学が問われているが、医を、医師がほどこすものとしてではなく、共感と思いやりと位置づけ、これに根源的な高察を加える。医学・医療系の大学・専門学校テキストとしても使いよいと好評。
時間体験の哲学　佐藤透　A５判２４２頁３８００円
■時間のリアリズムとイデアリズム／時間の現象学的研究／時間体験の形而上学／ベルクソンにおける時と永遠、ほか
古代ギリシァの思想と文化　松田禎二　A５判 264 頁 2000 円
■来るべき世界文明において無条件に古典の地位を占める古代ギリシァに、文芸、哲学他さまざまな角度からその魅力に迫る。
古典ギリシァの人間観　松田禎二　A５判 240 頁 2000 円
■勇士アキレウスの人物像／英雄たちと運命／旅人としての人間／農民と労働／運命と人間の悲劇／悲劇の中の女性像／歴史の中の人物像／戦争と人間性／ソークラテースの愛／他
古代ローマの思想と文化　松田禎二　A５判 248 頁 2000 円　■ウェルギリウス/キケロ/セネカ/マルクス·アウレリウス/ルクレティウス/プロティノス/アウグスティヌス/ボエティウス
遺族の声とどく　京都・大阪靖国訴訟証言集　靖国神社公式参拝に抗議する会編　A５判 484 頁 6000 円
■公式参拝に抗議する遺族は圧倒的少数であるからこそ、これこそが遺族の真の願いであるはずだということを強く訴える。